Mario Couto Soares Pinto
Sergio Proença Leitão

Economia de Comunhão

Empresas para
um capitalismo
transformado

ISBN — 85-225-0574-8

Copyright © Mario Couto Soares Pinto, Sergio Proença Leitão

Direitos desta edição reservados à
EDITORA FGV
Praia de Botafogo, 190 — 14º andar
22250-900 — Rio de Janeiro, RJ — Brasil
Tels.: 0800-21-7777 — 21-2559-5543
Fax: 21-2559-5532
e-mail: editora@fgv.br
web site: www.editora.fgv.br

Impresso no Brasil / *Printed in Brazil*

Todos os direitos reservados. A reprodução não autorizada desta publicação, no todo ou em parte, constitui violação do copyright (Lei nº 9.610/98).

Os conceitos emitidos neste livro são de inteira responsabilidade dos autores.

1ª edição — 2006

Preparação de originais: Claudia Santos Gouvêa

Editoração Eletrônica: FA Editoração Eletrônica

Revisão: Fatima Caroni e Marco Antonio Corrêa

Capa: Studio creamcrackers

Ficha catalográfica elaborada pela Biblioteca
Mario Henrique Simonsen/FGV

Pinto, Mario Couto Soares
    Economia de comunhão: empresas para um capitalismo transformado / Marco Couto Soares Pinto, Sergio Proença Leitão. — Rio de Janeiro : Editora FGV, 2006.
    168p.

    Inclui bibliografia.

    1. Economia de comunhão. 2. Responsabilidade social da empresa. I. Leitão, Sergio Proença. II. Fundação Getulio Vargas. III. Título.

CDD — 658.408

Este livro é dedicado aos "operários" do Movimento dos Focolares e aos do Projeto de Economia de Comunhão, em seu árduo trabalho pela busca de um mundo melhor.

Sumário

Prefácio 9

Apresentação 11

Uma perspectiva de mudança 13

A economia de comunhão 17
    Origens 18
    EdC e outras formas de voluntariado 22
    Aspectos relevantes da economia de comunhão 26
    Economia de comunhão e sustentabilidade 32
    A questão teórica 34

Teoria dos *stakeholders* 37
    A teoria dos *stakeholders* 37
    Quem são os *stakeholders* 40
    As críticas à teoria dos *stakeholders* 42
    Os argumentos favoráveis à teoria 43
    A ênfase instrumental na teoria 44
    A ênfase substantiva 45

Responsabilidade social corporativa e balanço social 49
　Teoria dos *stakeholders* e responsabilidade social corporativa　49
　Tipologias sobre estágios da RSC　52
　RSC: críticas e defesas　53
　Performance social corporativa e balanço social　55

Empresas de economia de comunhão e suas práticas 59
　A visão qualitativa　59
　A visão quantitativa　100
　O balanço social: empresas de EdC *versus* dados do Ibase　103

Examinando os resultados da pesquisa 105
　Caracterização das empresas de EdC　105
　EdC como fonte de vantagem competitiva　107
　A prática das empresas de EdC ante a teoria dos *stakeholders* sob o olhar normativo　112
　Classificação das empresas de EdC e seus gestores e a teoria dos *stakeholders*　116
　A literatura sobre RSC e as práticas de EdC　121

O que dizem os números 127
　Informações da *survey*　127
　Os dados do balanço social　129

Primeiras conclusões 139
　A EdC fornece vantagem competitiva?　144
　Um conceito de economia de comunhão　147

Conclusões segundas 151

Bibliografia 155

Prefácio

Os quase três anos de envolvimento com o denso e pouco conhecido mundo da economia de comunhão produziram uma transformação sensível na visão de mundo do pesquisador. Não que suas crenças na igreja da razão estejam abaladas; não que haja surgido um novo e surpreendente apego ao irracionalismo ontológico nem que tenha ocorrido uma denúncia do humano em favor do divino. Nada poderia estar mais distante do que é agora sentido. Há, sim, reforçada como nunca, a fé em um ser humano renovado, hospedeiro do bem e do mal, que se supera naquela síntese dialética que fornece a energia vital de sua sobrevivência.

A mudança foi o reconhecer como válidos outros caminhos que incluam elementos espirituais, pois o importante não é necessariamente o que separa o racionalismo humano da crença no divino, mas o que os une: a preocupação com a humanidade. As pessoas que a pesquisa – ou o destino – postou diante dos pesquisadores são bem-intencionadas, verdadeiras, integrais em sua fé. Mas isso não as torna ingênuas, como um cético poderia, de imediato, imaginar, nem as desmerece como agentes de mudança. A ambiência visitada o prova. A discussão estéril que nada traz de concreto não está presente nesse grupo e um pesquisador honesto é forçado a aceitar tal fato.

A reflexão forçada nas longas noites no pólo industrial de Mariápolis, onde o silêncio doía, as discussões com os empresários anfitriões nos jantares oferecidos àquele que carregava as críticas, a aceitação incondicional dos que deveriam ser fechados ao que ouvia mostraram o inverso: o sorriso, os braços abertos e a mão espalmada, tudo isso deixou marcas na vivência de um racionalista convicto, acostumado às rudezas da competitividade comum ao universo empresarial. As pessoas da economia de comunhão são diferentes. Sua busca pelo divino não parece tão necessária porque, ao menos em parte, já o encontraram.

Sorte delas que se permitem conduzir pela Providência. Triste sina daquele que não se permite elevar de sua visão comum e que é sistematicamente denunciado como um agnóstico. Pelo menos ficou a certeza de que esta tristeza foi, em parte, diluída pela ação de pessoas especiais e que aquela denúncia deve agora ser repensada. Doravante, as futuras visitas às mariápolis não precisarão ser escudadas em registros e gravadores. Apenas uma alma aberta, com sentidos expandidos, já será suficiente.

Mario Couto Soares Pinto

Apresentação

Este livro resume o conteúdo e acrescenta informações e comentários a uma tese de doutoramento defendida e aprovada integralmente, em junho de 2004, no Departamento de Administração da Pontifícia Universidade Católica do Rio de Janeiro (PUC-Rio): a primeira a ser defendida sobre o tema Economia de Comunhão (EdC), no Brasil, no âmbito da administração de empresas. Foi redigido pelo autor da tese e por seu orientador, que tem EdC em sua linha de pesquisa e estudos publicados em revistas acadêmicas.

A tese *A economia de comunhão sob o olhar da teoria dos stakeholders* (Pinto, 2004) envolveu: consultas a 235 textos relacionados às referências teóricas utilizadas e aos textos disponíveis sobre o tema EdC; uma pesquisa piloto com uma das empresas consideradas de vanguarda naquele projeto; outra pesquisa na forma de estudo de caso múltiplo, com empresas também consideradas de vanguarda e, portanto, entre as mais representativas de um projeto iniciado no Brasil e no mundo no ano de 1991; um levantamento de indicadores sociais no banco de dados do Instituto Brasileiro de Análises Sociais e Econômicas (Ibase) para confrontação com indicadores sociais das empresas do projeto; uma *survey* exploratória com as empresas filiadas ao projeto de EdC no Brasil; diversos contatos telefônicos e por e-mail com órgãos de classe e com o escritório central do Movimento dos Focolares, organização da qual o projeto se originou; comparecimento a dois congressos nacionais. Para a elaboração deste livro foram agregadas informações colhidas no Congresso Mundial de Economia de Comunhão, realizado em setembro de 2004 em Castelgandolfo, Itália.

O estudo, que utilizou o método do caso, com abordagens qualitativa e quantitativa, comparou os comportamentos observados naquelas quatro empresas com as orientações preconizadas pela teoria dos *stakeholders*, ou seja, seus relacionamentos com clientes, fornecedores, concorrentes, governo e os relacionamentos das diretorias com seus funcionários. E fez também uma confrontação com os dados do Ibase, conforme antes relatado, para verificar suas performances em termos de responsabilidade social. As duas bases teóricas, teoria dos *stakeholders* e responsabilidade social corporativa, se interpenetram.

A intenção foi identificar e avaliar características inerentes a um projeto que fundamenta a gestão de empresas em princípios cristãos, tendo em vista a capacidade competitiva das empresas associadas, além de conceituar EdC com base naquelas teorias.

O estudo de campo concluiu que existe grande semelhança entre as características observadas nas quatro empresas e as propostas contidas na teoria dos *stakeholders*, sem haver, todavia, perfeita sobreposição. Quanto à existência de vantagens competitivas, foram identificadas as fontes que a estimulam, que são de difícil reprodução fora do contexto de EdC. O significativo diferencial dessas empresas (mais avançadas no projeto) está na forma como são conduzidos os relacionamentos interpessoais e interinstitucionais, em que pese a características de mercado, e no papel exercido por suas lideranças com fortes imbricações na cultura organizacional. O diferencial está, portanto, na gestão de relacionamentos, na ética de suas ações, dada a forte crença pregada pela fundadora do Movimento dos Focolares, a italiana Chiara Lubich, de que a aceitação amorosa do outro deve conduzir todas as formas de contato humano, inclusive no âmbito dos negócios.

A ambição maior do projeto de EdC é eliminar a indigência no planeta, problema cuja gravidade acabou por se fazer presente no discurso de representantes do Fundo Monetário Internacional (FMI) e do Banco Mundial, tradicionalmente desligados de tais preocupações: um indiscutível sinal de sua relevância.

O livro não apresenta uma discussão econômico-filosófica em busca de uma saída para o impasse capitalismo/socialismo, a terceira via por tantos procurada. É um relato sistematizado da experiência de empresas que estão trilhando esse caminho e dão exemplo de como poderia ser tal caminho, o de um capitalismo transformado. Elas, e mais 783 empresas espalhadas por quatro continentes, são sementes para a mudança, embora seu poder de disseminação ainda esteja por ser determinado.

Uma perspectiva de mudança

> *A grande maioria das empresas são sistemas de dominação*
> *e opressão para enriquecimento e poder.*
> Leibholz, Leibholz e Passareli, 1995

Velhas questões permanecem. É possível construir uma nova empresa? O capitalismo pode ser transformado? Lucro é para maximizar e acumular ou para distribuir? Só se pode pensar instrumentalmente na gestão de empresas? Deus e negócios se misturam?

Este embate certamente não é novo e pode ser identificado em antigas querelas entre materialismo e idealismo (Sicupira Filho, 1991) ou entre liberalismo e societalismo (Couri, 2001). Entre esses extremos há uma tensão dialética que, em sua contradição, revigora o andamento das reflexões humanas.

A administração de empresas, como as demais áreas da atuação humana, é influenciada por paradigmas e pelas ideologias que os naturalizam, disseminadas pela estrutura social e de poder vigente. Essa visão de mundo, dotada de uma estrutura cognitiva com seu conjunto de significados (paradigma), é disseminada em um momento histórico, orientando pensamentos e ações. As relações entre paradigma, ideologia, valores, crenças e os pressupostos de conhecimento que os fundamentam são circulares, seguindo um processo de realimentação contínua, e é nesse processo que as elites do poder intervêm, procurando conduzi-lo de acordo com seus interesses (Leitão e Rousseau, 2004). No atual momento histórico, o economicismo e o tecnicismo, apoiados por uma ideologia produtivista, dominam corações e mentes nas empresas e nas teorias sobre gestão.

Existe um elo entre o nível macro e o micro, onde se insere a administração como área de conhecimento. Em outros termos, as possibilidades e limitações de cada correlação de forças sociais, envolvendo o econômico, o técnico, o político e o comportamental, definem um padrão de ação que as empresas exercitam ao longo do tempo. Assim, o que é válido no âmbito das práticas gerenciais hegemônicas pode ser diferente quando comparados momentos históricos distintos, porque paradigmas, como afirmava Kuhn (1982), podem ser rompidos e substituídos na dinâmica da vida coletiva. De qualquer forma, é possível perceber a preferência por certos constructos cognitivos sobre outros em determinados momentos históricos. Nenhum deles é permanente.

Se aceitarmos tal premissa, podemos relativizar a importância da dimensão técnica, por exemplo, na tomada de decisão gerencial, pois o conjunto de possibilidades e de ferramentas à disposição do gestor enfrenta outros constrangimentos igualmente importantes. Então, demitir ou contratar, ser mais ou menos agressivo no mercado, disponibilizar benefícios aos funcionários, ter consciência das questões ambientais são decisões que atendem a circunstâncias de uma determinada época.

Considerando as condições originais do discurso marxista, podemos admitir que a tensão entre capital e trabalho foi alterada por novas considerações em ambos os lados e supor que sua intensidade não é fixa em diferentes sociedades, ou na mesma sociedade em diferentes momentos. No âmbito da empresa, tal variação corresponderia às permissões ou aos estímulos para a aplicação de determinadas políticas.

Se adotarmos a tipologia de paradigmas sociais, construída por Burrel e Morgan (1979), perceberemos que as teorias sobre administração de empresas têm se inserido de forma dominante no quadrante funcionalista com sua percepção objetivista de mundo e sua crença na ordem. É uma visão em que o termo mudança se torna sinônimo de adaptação, ajustamento às variações ambientais, sem qualquer alteração significativa no paradigma dominante ou na ideologia que lhe dá sustentação. É um mudar para que as coisas continuem como estão, como diria Lampedusa em *Il gatopardo*.

A visão dominante, neoliberal, de como as coisas da vida coletiva devem ser, implica a maximização do lucro com vistas à acumulação crescente, conforme a lógica que a sustenta, apoiada nos pressupostos de individualismo, liberdade e competição. As teorias sobre organizações empresariais procuram dar sustentação a esse objetivo final, ideologicamente inquestionável, assumindo uma perspectiva gerencial onde o homem é meio para o alcance desse fim. Na realidade, um meio crescentemente descartável, porque substituível por técnicas de automação, que se tornam "inevitáveis" ante a obsessão por uma produtividade crescente. Em tal quadro, a busca pela acumulação de riqueza e de poder descarta o que deveria compor restrições sociais, legais e ambientais, penetrando cada vez mais, por vezes de forma contundente, na dimensão ética da gestão.

Nem sempre foi assim, mesmo em tempos relativamente recentes. No auge do *welfare state* era comum valorizar políticas de manutenção de empregos pelas grandes empresas, ainda que estas tivessem que lidar com momentos de turbulência econômica. Até os anos 1980, pleno emprego, desenvolvimento organizacional e ênfase nas pessoas eram posturas afinadas com a ideologia de um Estado de bem-estar social.

Mas o advento de um formidável desenvolvimento tecnológico, baseado principalmente em computação e comunicação, retomou com mais intensidade as políticas concentradoras de renda com o apoio de técnicas gerenciais que potencializam aqueles recursos. Redução de benefícios, terceirização, reengenharia e demissões tornaram-se práticas freqüentes nos anos 1990, quando as empresas se sentiram liberadas para afrouxar as amarras incômodas aos problemas do trabalho. É também a época dos grandes movimentos especulativos nos mercados financeiros mundiais.

Se usarmos a ótica de Guerreiro Ramos (1981), aquela seria a era de ouro das organizações formais, da visão fortemente instrumental desapegada das finalidades últimas, das preocupações com as questões humanas, o que é típico das organizações substantivas. A quase total instrumentalização da vida justifica o lucro como um fim em si mesmo.

A sociedade em rede, segundo Castels (1999a, 1999b, 1999c), divide o mundo atual em *networkers*, trabalhadores flexíveis e *outsiders*. Aos primeiros seria reservado todo o benefício do aumento de produtividade; aos flexíveis, tais benefícios dependeriam do humor dos mercados; aos *outsiders* caberia o papel de espectadores da modernidade. O problema é que os primeiros não chegam a 10% da população mundial, e mais da metade dela se enquadra na última classificação, com poucas chances de migrar dessa faixa.

As conseqüências do conjunto das políticas neoliberais e das estratégias empresariais associadas à visão que a ciência adota em sua relação com a natureza, segundo a United Nations Environment Program (Unep, 2003), são a contínua concentração de renda, aumento da pobreza, da violência e da degradação ambiental. Se a experiência liberal está em sua fase final, conforme preconizam Soros (2000) e Kurtz (1993), entre outros, deveríamos pensar em uma nova economia e uma nova empresa de visão substantiva, essencialmente preocupada com o bem-estar coletivo e, por isso, moral e crítica em seu agir, conforme Guerreiro Ramos preconizava em sua proposta para uma nova ciência social (1981), tema revivido tanto em Serva (1997) quanto em Almeida e Leitão (2003). Na realidade, aos conceitos de organização instrumental e organização substantiva pode-se aplicar a idéia de um contínuo entre extremos, que seriam casos puros, inviáveis na prática empresarial. Encontramos empresas que oscilam entre os dois, com dominância significativa da visão instrumental. E a proposta de Guerreiro Ramos, como as de outros, deve ser entendida no sentido de um maior direcionamento para o lado da substantividade nesse contínuo (Almeida e Leitão, 2003).

O que se espera é a emergência, em maior escala, de empresas éticas, preocupadas com a questão socioambiental e já estudadas por pesquisadores, entre eles Aktouf, (1996), Singer e Souza (2000) e Serva (1997). Aí também se incluem as empresas que participam do movimento de responsabilidade social corporativa, com diversos estudos publicados sobre o tema, referenciados em Leitão e Coutinho (2002), e as empresas do projeto de EdC, objeto deste livro. Empresas com características que transcendam ao que Guerreiro Ramos chamou de "compulsões desnecessárias para um *ethos* autoritário". A postura deste cientista social é de que a instrumentalidade, indispensável a toda atividade produtiva, que Adorno temia ter povoado todas as áreas humanas (Barbosa, 1996), pode ser harmonizada com um projeto substantivo de vida.

A economia de comunhão

> *Ao contrário da economia consumista, baseada na cultura do ter, a economia de comunhão é a economia da partilha. Isto pode parecer difícil, árduo, heróico. Mas não é assim, pois o homem, criado à imagem de Deus, que é amor, encontra sua realização justamente no amor, na partilha. Esta exigência reside no mais íntimo do seu ser, quer ele tenha fé ou não. E é nesta constatação, comprovada pela nossa experiência, que está a esperança de uma difusão universal da economia de comunhão.*
>
> Chiara Lubich, Rocca di Papa, 10 de novembro de 1991

A diferença das empresas do projeto de EdC está em sua práxis, em seu esforço de transformação na busca de substantividade, na procura de uma plenitude ética em suas relações com os diversos públicos com que lida cotidianamente, ética esta fundada na espiritualidade cristã. Elas não são um produto acabado, mas um processo em pleno desenvolvimento, com graus diferenciados de aproximação daquele objetivo.

Araújo (1998 e 2002), Gonçalves e Leitão (2001), Brandalise (2003) e Almeida e Leitão (2003) são alguns dos poucos autores brasileiros que vêm tentando mapear seus contornos. Em âmbito mundial, debruçaram-se sobre essas empresas Sorgi (1998), Ferruci (1998), Ressl (2000), Gui (2002), Linard (2003), Gold (2000b) e outros autores majoritariamente vinculados ao Movimento dos Focolares (fogo no lar, em italiano), que lançou o projeto de EdC. Poucos desses estudos são frutos de pesquisa empírica, se compararmos, por exemplo, com os estudos sobre responsabilidade social corporativa. E a juventude do projeto, lançado em 1991, dá a esses trabalhos caráter exploratório ou de ensaios filosóficos. Mas o número de dissertações e teses é crescente.

Tais empresas vêm imprimindo, sem base teórica específica, uma prática alternativa ao sistema vigente de mercado, pois a acumulação não é o seu *leimotiv*, conforme comprovam tais estudos. Elas começam a ser fruto de investigações acadêmicas, de forma crescente, pelo mundo afora ante o interesse de descobrir o que as diferencia e quais são suas possibilidades de transformar a prática capitalista.

A ambição do projeto é mudar o comportamento empresarial para mudar a economia mundial e extinguir a indigência. Tais esforços são comumente classificados como irreais ou utópicos. Práticas sobre uma "cultura do dar", preocupações com um comportamento empresarial ético dos pontos de vista fiscal e administrativo, além de tecnicamente correto, e ênfase no amor (Costa, 1998) não são comuns a uma prática empresarial costumeiramente agressiva, mais preocupada com os meios do que com a finalidade das coisas. São agora 13 anos de experiência desse projeto, com diferentes graus de aproximação do que seria uma organização substantiva, e ainda não se pode afirmar que elas venham a constituir uma terceira via para a dicotomia capitalismo/estatismo. Pode-se acreditar em seu potencial.

Origens

A EdC teve sua gênese no Movimento dos Focolares, em Trento, na Itália, durante a II Guerra Mundial. Em reuniões à beira de fogueiras com suas amigas adolescentes, em um cenário de destruição provocado por bombardeios, Chiara Lubich teve uma intuição "sobre quem é verdadeiramente Deus: é Amor" (Lubich, 2000). Como toda verdadeira intuição é acompanhada de um forte sentimento de certeza, ela assumiu que, postas em prática, as palavras do Evangelho provocariam uma revolução, e várias foram as situações que reforçaram a crença do grupo durante o tempo em que Chiara e suas colegas, também adolescentes, se dedicaram a socorrer as vítimas da guerra.

Aquela experiência de caridade cristã, de grande sacrifício pessoal, que envolveu, inclusive, o afastamento da jovem Chiara de seus pais, refugiados nas montanhas, correu de boca em boca, formando uma "comunidade de corações e mentes" reprodutora das experiências dos primeiros cristãos ao colocar seus "bens em comum" (Araújo, 1998). "Tínhamos o objetivo de pôr em prática uma certa comunhão de bens", diz Chiara, "com o máximo alcance que se pudesse pensar; não se tratava, porém, de amar os pobres pelos pobres, ou amar Jesus somente nos pobres, queríamos resolver o problema social" (Araújo, 1998). Em poucos meses nasceu uma comunidade de 500 pessoas que partilhava dessa visão.

O movimento cresceu na Itália e, após 1956, espalhou-se pela Europa e por outros continentes. Nos anos 1960 ampliou-se entre cristãos de diversas orientações, atingindo hoje mais de 300 igrejas, além de manter diálogo com outras religiões. Em 1962 o Movimento dos Focolares foi aprovado pela Igreja Católica, com o nome oficial de Obra de Maria (Lubich, 2002b), e, em 1967, já era responsável por mais de mil obras sociais no mundo. Um exemplo está no Nordeste brasileiro, onde a comunidade Magnificat investe em saneamento, educação, artesanato e agricultura em terras doadas por um antigo latifundiário, atendendo a mais de 5 mil pessoas.

No Brasil, o Movimento dos Focolares difundiu-se a partir de 1958, começando em Recife, "atraindo pessoas de todas as camadas sociais" (Lubich, 2000), inclusive aquelas sem vínculos formais com qualquer religião. Hoje são cerca de 250 mil pessoas direta ou indiretamente envolvidas. Segundo Ressl (2000), existiam no planeta mais de 2 milhões de simpatizantes e aderentes em 1997 espalhados por 182 países. Em 2001 já eram 198 países (Brandalise, 2003) dando atendimento regular a 11.600 pobres.

De acordo com Burckart (2002), o Movimento dos Focolares baseia-se "numa visão antropológica, caracterizada pela superação dos subjetivismos (com todas as suas formas modernas, como o individualismo e o liberalismo), por meio de um estilo de vida comunitário". Isso significa não existir preocupação com teorização, mas com uma prática cotidiana fundada em conteúdo espiritual. Daí advém a "cultura do dar" que orienta o movimento e se funda no "paradigma interdisciplinar da unidade" (Burckart, 2002). O termo, todavia, não tem sentido assistencialista, nem pode ser confundido com filantropia, que é anônima. O "dar" é a base dos relacionamentos, o que alegra a vida de cada participante, ao contrário do "ter", que escraviza, que pode alegrar e entristecer e constitui a tônica de nossa sociedade. Na visão do movimento e, por conseguinte, da EdC, o "dar" é amor em liberdade em sua máxima expressão. É o "dar a si mesmo" que ultrapassa a comunhão de bens para chegar à comunhão de pessoas (Sorgi, 1998).

Esta é a pedra fundamental para se entender os desdobramentos relacionais interpessoais e interinstitucionais que preenchem o movimento e justificam o termo usado por seus participantes de "Economia de Comunhão na Liberdade". O significado dado tem uma intensa proximidade com uma perspectiva holística e ecológica do mundo, a qual encaminha as propostas de desenvolvimento sustentável.

De forma próxima ao que dizem Biela (1998) e Araújo (2002), entendemos que o movimento tem três dimensões integradas: uma espiritual, que dá suporte moral e vigor às outras duas; a sociológica, enfatizando a vida comunitária, as relações entre os seres humanos com base no sentido de unidade e da filiação conjunta; e a econômica, que se realiza na EdC, fundada na liberdade de escolha, na solidariedade e na partilha.

No início da década de 1960 nasceu em Loppiano, localidade perto de Florença, Itália, um centro de estudo e trabalho nessa "vida de unidade", com as pequenas cidades-testemunho de tal experiência. No início de 2004 havia 23 mariápolis, como foram chamadas essas cidades-testemunho do Movimento dos Focolares, das quais cinco situadas no Brasil, ficando a sede brasileira na mariápolis Ginetta, em Vargem Grande Paulista, São Paulo.

Segundo Calliari (2000), a idéia de se criar uma EdC surgiu quando Chiara Lubich veio ao Brasil, em 1991, visitar o Centro Mariápolis de São Paulo, na época denominado Araceli. Ao sobrevoar a cidade ela ficou impressionada com o cinturão de favelas em torno da cidade e o contraste riqueza/pobreza originado pela concentração de renda no país. Ficava claro que, se não houvesse um mecanismo mais eficaz de produção e distribuição da renda, não seria possível transformar aquela realidade que dom Paulo Evaristo Arns chamara de "uma coroa de espinhos" sobre São Paulo.

Ali nasceu a idéia do Projeto de Economia de Comunhão na Liberdade, lançado em nível mundial em 25 de maio de 1991 na sede brasileira do Movimento dos Focolares. A proposta era gerar junto às mariápolis – cidades de Maria – atividades industriais capazes de gerar lucro e emprego, e algumas empresas surgiram naquela ocasião, tendo ou não seus empresários experiência administrativa. Foram elas: a Escola Aurora, a Policlínica Ágape e a La Tunica, pequena empresa de confecções. Segundo Ressl (2000), a intenção era, no futuro, levar as empresas afiliadas a compartilhar o modo de vida comunitário, com vidas e propriedades em comum. As mariápolis, inicialmente centros para estudos e debates, transformar-se-iam em pólos empresariais e de moradia para os envolvidos na construção de um "novo homem" (Ferrucci, 1998). Tais pólos produtores teriam uma forma econômica inovadora, tornando-se comuns as metáforas evangélicas a eles dirigidas, como "sal e fermento" e "cidade sobre o monte" (Bruni, 2002).

No Brasil, o primeiro pólo surgido foi o Spartaco, em 1994. Era destinado às empresas que viviam mais intensamente o projeto de EdC, que funcionariam como um laboratório onde se destilaria um novo estilo de gestão econômica, segundo Bruni (2002), transparente, eficiente e responsável.

Para viabilizar o pólo industrial foi criada uma empresa no formato de sociedade anônima, com o objetivo de criar a infra-estrutura necessária ao projeto, a Espri S/A Empreendimentos, Serviços e Projetos Industriais, com sede no próprio pólo e com as funções de arrecadar fundos, via lançamento de ações, e de administrar os serviços comuns do pólo. Os 1.362 acionistas de 1995 transformaram-se em 3.650 em 2003, sendo a primeira empresa de participação no Brasil, segundo Curti e Martino (2003). A visão de seus sócios não é a de um acionista comum. Para Rodolfo Leibholz, presidente do conselho de administração da Espri e dirigente da Fundição, Engenharia e Máquinas Ltda. (Femaq), o objetivo desta fomentadora e das demais empresas do pólo é "buscar o lucro mantendo a visão e o objetivo a que se destina (...) Os dirigentes das empresas de EdC devem, cada vez mais, adotar uma estratégia de integração, como parte de um organismo maior, tanto em nível local quanto mundial" (Leibholz, 2003). Diz ele ainda que o diferencial do pólo em relação a outros condomínios industriais está em "efetivar o crescimento na direção dos bens relacionais", buscando o equilíbrio que o suporte espiritual confere às relações humanas, inclusive no nível empresarial. A questão que Rodolfo e seu irmão Henrique se propuseram a responder foi se o cristianismo podia ou não funcionar no mundo empresarial.

Em setembro de 1994 foi instalada a primeira empresa do pólo, a La Tunica, e hoje existem seis de um total de 10 previstas no projeto inicial. Mas existem outras três funcionando nas proximidades do Centro Mariápolis. O pólo Spartaco já foi visitado por pessoas de mais de 50 países, políticos de tendências diversas e muitos pesquisadores do Brasil e do exterior. O professor de economia da Universidade de Bologna, Stefano Zamagni, ao visitá-lo, entusiasmou-se com a experiência ali vivida, que, segundo ele, constituía um "verdadeiro escândalo" para o pensamento comum e para a ciência econômica. Os fatos estariam demonstrando ser possível compatibilizar eficiência e eficácia com a realização humana no trabalho

Embora não ofereça estatísticas precisas, o que dificulta um pouco seu estudo, o projeto EdC mostra uma clara tendência de crescimento em número de empresas. Em 11 anos, de 1992 a 2002, as empresas nele registradas cresceram de 230 para 800, sendo que, no Brasil, nesse período, o crescimento foi de 25 para 90, chegando, em 2004, a 120 empresas associadas. Ante tal crescimento e profundidade de suas raízes, nada indica que o projeto de EdC seja mais um modismo passageiro dos tantos que habitam os universos organizacional e econômico. O que se pode discutir são os limites de seu alcance nos anos futuros.

EdC e outras formas de voluntariado

Aos familiarizados com a história das doutrinas econômicas, esta descrição das empresas de EdC facilmente traria à memória as primeiras propostas de alguns socialistas utópicos na busca de visões similares anteriores. Mas há outras propostas e experiências bem mais próximas, modernas e que merecem ser registradas.

O indiano Amartya Sen, prêmio Nobel de economia de 1998 e conhecido por suas críticas às limitações da economia moderna, vê duas origens na economia: uma de viés ético, que remonta a Aristóteles e se preocupa com o "bem para o homem", e outra de orientação logística, "engenheira". Nesta, os fins são diretos e o exercício é encontrar os meios apropriados para atingi-los. O comportamento humano tem motivos simples e facilmente caracterizáveis (Sen, 1999:20). Ele diz que a economia moderna "positiva", ao diminuir sensivelmente a abordagem ética, empobreceu-se.

Para Polanyi (2000) este é um momento particular da história, pois antes nenhuma economia controlada pelo mercado existiu. Até o século XIX, "o ganho e o lucro feitos nas trocas jamais desempenharam um papel importante na economia humana" (Polanyi, 2000:59). Em sua visão, "a economia do homem, como regra, está submersa em suas relações sociais. Ele não age desta forma para salvaguardar seu interesse individual na posse de bens materiais; ele age para salvaguardar sua situação social, suas exigências sociais, seu patrimônio social" (Polanyi, 2000: 61). Em relação a uma sociedade tribal, o "indivíduo que infringe o código estabelecido de honra ou generosidade se afasta da comunidade e se torna um marginal. Todas as obrigações são recíprocas e seu cumprimento serve melhor aos interesses individuais de dar-e-receber" (Polanyi, 2000:62).

Nessa perspectiva as funções de um sistema econômico se relacionam com experiências intensamente vividas, com superabundante motivação não-econômica em cada ato executado no quadro do sistema social como um todo. As propostas da EdC podem parecer estranhas numa perspectiva imediatista, mas podem fazer sentido numa perspectiva histórica.

Conforme lembra Sen (1999), a economia moderna se funda na crença de um comportamento racional, quando o comportamento real não é a plena dominância da razão. Podemos acrescentar que o que as neurociências, em particular a neurofisiologia e a psicologia da percepção humana, além da biologia do conhecimento, estão provando é que o operar de nosso sistema nervoso não dissocia razão de emoção; na realidade, pensamos em bases afetivas e até somos mais rápidos no sentir do que no pensar. Mais ainda, o comportamento racional tem sido associado à maximização do auto-interesse, fator que definiria as decisões pessoais, o que é uma forte limitação. Tal caminho de análise interrompe as concepções éticas da economia, quando a eficiência econômica não pode ser o único, nem o principal, critério de avaliação da vida coletiva.

Tais críticas encontram respaldo na EdC, preocupada com o bem-estar do ser humano e entendendo que o crescimento econômico não é um fim em si mesmo. O crescimento não pode ser para privilegiados, e o individualismo e o acúmulo de bens não conduzem ao conceito de evolução adotado pelo movimento (Leibholz, 2002:32).

Bruni (2002) critica a racionalidade econômica, contrapondo sua instrumentalidade e seu individualismo à noção de *we-racionality*, uma racionalidade imediatamente sociável (Bruni, 2002:47), na qual a ação coletiva tem conseqüências para o grupo como um todo. Segue a lógica da sociabilidade, gerando reciprocidade e confiança mútua, mais do que a simples cooperação para satisfazer interesses e próxima a uma postura de doação. Por seu turno, Zamagni (2002a) conclama a humanidade a impedir que a ciência econômica vigente destrua a esperança, uma vez que sua quase total instrumentalidade deixou de lado os valores quando da explicação de suas ações, conforme assevera Bruni (2002).

Na perspectiva política de Wainwright (1998), a moderna corporação recebe o crédito pelo afastamento do fordismo, ou por introduzir conceitos como flexibilidade, descentralização, trabalho em redes e outros quando, na realidade, foram os próprios trabalhadores que resistiram ao tédio e ao estresse da repetição constante de tarefas fragmentadas (Wainwright, 1998:73). Para essa autora a opção ao fordismo ainda não surgiu com clareza no horizonte. Diz ela que o atual mercado é aquele construído moral e conceitualmente por Frederich Hayek, propagador do individualismo egoísta, e regido pela limitação de informações sociais e econômicas de cada setor. Tal positivismo de mercado deságua numa racionalidade instrumental "baseada na evidência empírica" (Wainwright, 1988:71) que vem sendo contraposta pelos novos movimentos de feministas, sindicatos, ecologistas e pacifistas, lembrando os limites da racionalidade humana. Para ela o capitalismo ganhou a Guerra Fria, mas está em crise por toda a parte, não sendo utopia explorar novos caminhos em busca de liberdade.

No ensaio sobre economia solidária e dádiva, França e Dzimira (1999) lembram que a crise do mercado, assim como a do Estado, levou a um tipo de experiência associativa solidária que engloba a dádiva, que participa da economia na medida em que voluntários dispostos a dar a si mesmos operam como elementos estruturantes. Preocupados com o caso francês, os dois autores lembram que a economia solidária naquele país compreende organizações mutualistas, as cooperativas, as fundações e as associações, onde a preocupação não é apenas econômica, mas também social e política. Sua visão econômica ultrapassa o mercado e engloba ações distributivas governamentais e iniciativas voluntárias, por vezes não-monetárias. A articulação entre aqueles três vetores é que possibilita a economia solidária, "projetando ao nível microssocial um conceito macro de economia plural" (França e Dzimira, 1999:146). O conceito impõe que as pessoas se associem, reforçando a coesão social e a criação de empregos, e questiona a lógica instrumental individualista hoje predominante. Por outro lado, a postura de que "o futuro depende de minha ação" imprime um tônus transformador de significativo impacto na dimensão política. E, sendo a dádiva antiutilitarista, suas ações direcionam para o que é ético, passando ao largo da acumulação (França e Dzimira, 1999:157). Troca-se o valor de uso pelo valor de relação.

Para França Filho (2001) a emergência da economia solidária está ligada a uma realidade de exclusão crescente, catapultada pela desarticulação do Estado de bem-estar social e do fim do equilíbrio fordista. Tal fenômeno estimula ações socioeconômicas, que reúnem usuários, profissionais e voluntários numa economia relacional. É uma postura que não se encaixa na regulação do Estado, nem na ótica liberal, mas tem imbricações em ambos. É uma economia maior que o puro mercado, pois envolve também elementos não-mercantis ou não-monetários, exigindo uma nova forma de pensar a produção e a distribuição de riqueza.

Outra nova perspectiva, agora sob o ângulo interno da organização, é a do voluntariado a partir de estímulos que os funcionários recebem para exercer atividades (Garay, 2001). Fischer e Falconer (2001) pesquisaram a motivação nas empresas que estimulam práticas de voluntariado entre seus funcionários, "um instrumento inovador de recursos humanos" que pode ser tanto uma obrigação, quanto uma percepção de problemas sociais no entorno comunitário onde estão inseridas suas instalações. Segundo eles, "embora o voluntariado ainda não esteja sendo pensado pela maioria das empresas como uma das áreas de atuação estratégica, a percepção de benefícios para a empresa, para o desempenho profissional, para a motivação do funcionário e para a comunidade é altamente positiva" (Fischer e Falconer, 2001:22).

O projeto de EdC pode ser comparado com este movimento, todavia não está preocupado com a instrumentalidade de uma ação voluntária para o aumento da produtividade, mas se vê como um movimento civil de economias alternativas, que sempre existiram ao redor do mundo em coabitação com a economia de mercado (Bruni, 2002). A EdC tem muitas semelhanças com experiências de economia solidária (ou economia social), inclusive a de que outros valores, e não apenas o lucro, orientam a ação dos indivíduos, e por isso pode ser considerada uma de suas manifestações (Singer e Souza, 2000).

A insatisfação com o modo hegemônico de tratar a economia deve responder por um "notável desenvolvimento de economias solidárias que assumem formas de um verdadeiro e autêntico movimento" (Bruni, 2002:15). A insatisfação com o *establishment* é um ponto comum nessas buscas de caminhos alternativos.

Motchane (2004) afirma que a economia social tem profundas raízes na Idade Média por conta das guildas e confrarias existentes naquela época. Como também se podem fazer associações às propostas posteriores de Rousseau, Fourier e Proudhon, com suas críticas às formas privadas de produção vigentes.

O cristianismo social da segunda metade do século XIX e várias iniciativas atreladas à história do movimento operário também são exemplos de economias sociais, ou terceiro setor, algumas podendo ser identificadas como ancestrais das atuais cooperativas de solidariedade social. Segundo aquele autor, havia na Europa, em 1995, mais de 1 milhão de associações, reunindo entre 30% a 50% da população, conforme o país. Todavia tais números, lembra, não escondem os paradoxos da economia social e solidária, pois se tornaram uma espécie de objetos não-identificados no interior da sociedade capitalista: têm estatutos incompatíveis com a lógica do mercado, mas acabam moldando-se a ele de forma a se tornarem dificilmente diferenciáveis das empresas comuns.

Nessa busca de economias mais justas e equânimes, Linard (2003) lembra que os séculos XIX e XX presenciaram muitos experimentos de maior ou menor sucesso. À guisa de exemplo, cita os movimentos cooperativos *quakers* e *friendy societies*. Algumas dessas propostas agiram tanto em nível local quanto internacional, mas havia pouca diferença entre o *ethos* comercial vigente e seus comportamentos para além de suas comunidades. Afirma a autora que, se existem outras iniciativas atuais, elas não são relevantes a ponto de gerar uma "terceira via" para o impasse socialismo-capitalismo. A exceção seria o projeto de EdC, por conta de seu alcance planetário e da quantidade significativa de apoio que recebe de milhões de simpatizantes. Ela lembra que na EdC não houve até agora nenhuma teorização consistente, o que não impediu o funcionamento de centenas de empresas que testemunham o ideal perseguido.

Laville (2004) aponta para as dificuldades existentes de expansão da economia solidária por falta de mecanismos de financiamento adequado. Diz o autor que, embora sua dimensão social seja forte, existem resistências em reconhecê-la capaz de resolver as questões sociais emergentes (Laville, 2004:85). Esta é uma dificuldade da EdC que está sendo equacionada pela Espri S/A. Além dessa dificuldade, a possível desvinculação entre a sociedade civil e a questão econômica pode enfraquecer projetos desse tipo. E esta tem sido uma das maiores ênfases dos articuladores da EdC, quando buscam reintegrar o discurso econômico ao espiritual, ao produtivo e ao social. Nas palavras de Chiara Lubich, proferidas na Convenção Internacional de EdC, realizada em setembro de 2004, em Castelgandolfo, "é preciso colorir com a mensagem dos evangelhos a economia, a política, a sociologia".

Para Laville (2004), entre as dificuldades que têm restringido o desenvolvimento dessas iniciativas na Europa, estão a desconfiança dos empresários, a necessidade de se incluir voluntariado e a falta de articulação entre seus vários componentes.

Por outro lado, Mance (2004) assevera que o tema economia social abarca significados distintos, dependendo da prática enfocada, não havendo consenso. Tanto pode ser uma ação coletiva quanto uma autogestão, uma cooperação, um comércio solidário, um clube de trocas etc. A EdC é outra entre as várias possibilidades de economia social que vêm surgindo no Brasil e no mundo. O que há de comum entre esses movimentos é a rede, descentralizada ou distribuída, que interliga seus membros. Ao se transformar numa rede econômica, integra consumidores, comércio, produção e serviço. Essa rede tem como propriedades básicas a autopoiese, ou seja, a capacidade de manter-se viva e de crescer; a integralidade entre os membros; os fluxos de informação e de valores; a agregação com outras redes e a realimentação, que consistem em estabelecer um equilíbrio ecologicamente estável. Essas propriedades, em maior ou menor grau, estão presentes na EdC.

Aspectos relevantes da economia de comunhão

É precisamente no aspecto de rede de relacionamentos que reside uma das forças do projeto de EdC (Gold, 2000a). Como um agente catalisador em nível mundial, tal característica central permite a ajuda mútua entre pessoas e empresas. Tais redes se alimentam de princípios submetidos a um "projeto divino" e podem ser subdivididas em "redes de sustento moral e redes de contatos comerciais" (Gold, 2000a:92). O primeiro caso tem a função de reforçar a visão específica de comunhão das empresas individuais, aumentando a confiança entre as empresas do grupo em níveis local e global (Gold, 2000a:93). As redes de contato comercial, por sua vez, auxiliam na criação de uma *buffer zone* que fornece um suporte temporário às pressões de mercado (p. 94). Um exemplo dessa prática relacional está nas conferências telefônicas mensais entre as diversas zonas do movimento no mundo, por 40 minutos, além dos encontros anuais, das publicações, das páginas na internet e dos depoimentos relativos ao cotidiano nas empresas.

Zamagni (2002b) ressalta que a gratuidade que se apresenta na EdC se dispõe de uma forma distinta do altruísmo e da filantropia. Estes carregam o signo do individualismo axiológico, no qual o ato de dar se desconecta de significados e relacionamentos. É um dar para os outros. É precisamente esse aspecto relacional que especifica o tipo de voluntariado que ocorre na EdC, pois aqui há o outro, que não pode ser humilhado pelo recebimento caridoso de alguém superior. É um outro igual, interdependente e digno; é um ato de dar com o outro.

Em termos metafóricos, conforme lembrava Bruni no XXI Congresso Anual de Economia de Comunhão, no Brasil, na economia de mercado tradicional, vende-se o peixe para quem tem fome e recursos para comprá-lo; na filantropia, dá-se o peixe para quem tem fome, mas não recursos; no altruísmo, ensina-se o faminto a pescar. Na EdC, pesca-se junto com quem tem fome. O processo não é anônimo e impessoal, mas puro relacionamento.

A diferença da proposta da EdC parte da experiência de vida de seus fundadores, o que lhe empresta possibilidades múltiplas de análise, tantas quantas são as dimensões da vida. Esse é um dos aspectos que têm motivado dissertações e teses sobre o tema. Esses estudos envolvem abordagens antropológicas, sociológicas, econômicas, administrativas, filosóficas, psicológicas e teológicas.

Linard (2003) suspeita que a razão para o crescente interesse está na liberdade de que gozam os membros dessas empresas na condução dos negócios. O Movimento dos Focolares fornece a sustentação espiritual, ideológica e ética, além de alguma infra-estrutura e troca de experiências e de solidariedade, mas não restringe nem cobra ações das empresas. Basta que cada membro declare sua crença na unidade e comungue dos princípios que embasam a proposta para que sejam admitidos no projeto. Zamagni (2002b) afirma que os que não têm esse pendor acabam por dele se afastar. Tal argumento foi confirmado nas entrevistas realizadas neste livro.

Essa é uma visão alinhada com as palavras de Chiara Lubich (2002b) a respeito das quatro idéias fundamentais da EdC. A primeira é a intenção de acabar com os indigentes nesse planeta; a segunda é viver a cultura da partilha; a terceira, formar homens novos necessários à continuação do projeto e, a quarta, criar pólos industriais permanentes nas mariápolis.

Segundo o empresário Rodolfo Leibholz, as empresas de EdC não devem ter leis rígidas. No entanto devem ter sua base na solidariedade, no relacionamento entre as partes e devem garantir sua capacidade de se auto-organizar, conforme seus princípios gerais. Para ele, ambiente e meio cultural podem até influenciar sua estrutura, mas não seus princípios (Leibholz, 2002:30). Esse tipo de empresa exige muito de suas lideranças, pois elas precisam catalisar o processo de transformação implícito. A hierarquia deixa de ser rígida e piramidal para adotar formas neurais e flexíveis, buscando um equilíbrio dinâmico, e não mais o garantido pela força. De qualquer forma, afirma Linard (2003), sem a capacidade empreendedora dos agentes empresariais, sem competência para a organização dos negócios e sem capital não há condição de sustentação dos ideais da proposta por mais elevados que sejam. Capacidade gerencial não deixa de ser condição básica, podendo ela ser facilitada por fatores específicos ao projeto.

A proposta de Chiara Lubich (2002a) é dividir o lucro em três partes: para formar "homens novos", atender diretamente às necessidades urgentes de pessoas carentes e reinvestimento, para a empresa aumentar seu lucro e assim fechar o ciclo. Além disso, ela propõe que tais empresas devem promover relações de abertura e confiança com seus *stakeholders*, tendo sempre em vista o interesse geral. Para que isso se viabilize, é necessário viver e difundir a "cultura do dar", que significa partilhar da paz e da legalidade, além do cuidado com o meio ambiente (Lubich, 2002a:17).

Existe, por outro lado, a preocupação com a capacidade destas empresas em competir em mercados não-protegidos. Gold (2000b:259) montou um quadro que resume custos e benefícios da "economia da partilha", conforme o quadro 1.

É possível observar uma ênfase no longo prazo, na medida em que as ações positivas estão ligadas, direta ou indiretamente, a redes de confiança. Para consolidar um nível produtivo de confiança leva-se um tempo significativo, e por outro lado sabemos que um ato mal encaminhado pode facilmente romper com o que se levou anos para construir.

Barbosa Lima (2003) observa que os itens positivos apresentados por Gold são qualitativos, de difícil mensuração, enquanto os custos são quantificáveis. Talvez aí resida uma característica de EdC: desnudar as dificuldades em se avaliar corretamente a qualidade da tomada de decisão de seus gestores à luz da contabilidade. E isso ainda se torna mais difícil quando surgem testemunhos de empresários sobre o papel do "sócio invisível" ou da "Providência" em situações difíceis, situações em que o evento ocorre contrariando tendências probabilísticas precárias. A pesquisa sobre os lucros das empresas de EdC, realizada por Brandalise (2003), tangencia esta dificuldade.

Quadro 1
Custos e benefícios da economia da partilha

Custos	Benefícios
Investimentos na força de trabalho: treinamento, maiores salários e bonificações; recrutamento	Aumento da produtividade através de um maior espírito de equipe
Investimento ambiental e tecnológico; pressões sobre fornecedores e clientes	Crescentes níveis de inovação através de ativa participação e senso de propriedade compartilhada
Investimento em saúde ocupacional e segurança no trabalho	Maior disposição dos trabalhadores para horas extras e tempos difíceis
Investimentos na comunidade local e em serviços voluntários para organizações locais; comunidade focolarina	Lealdade dos compradores; valorização do processo de produção e do produto
Investimento na "sociedade global" através da distribuição de lucros na economia da partilha	Rede internacional de suporte e contatos através do *focolare*; tendência à autonomia e à tecnologia compartilhada
Pagamento de impostos	A transparência fiscal capacita a cuidadoso planejamento durante crises
Perda de vendas por não-aceitação de corrupção	A motivação espiritual para enfrentar fases difíceis é maior do que o medo de o projeto falhar; crença na Providência

Molteni (2002) apresenta três desafios à espreita do projeto de EdC. O primeiro é o financeiro, visto que qualquer crescimento necessita de recursos, e como estes são escassos no meio do movimento, deverão ser buscados em investidores capitalistas que seguem a lógica dominante na remuneração do capital investido. O segundo é cultural, pois um rápido crescimento pode trazer vieses não tão afinados com as propostas de Chiara Lubich. O crescimento deve ter um ritmo que possibilite a aculturação de todos ou da maioria dos novatos, o que levanta a questão da existência de um porte ideal para uma empresa de EdC. E o seu terceiro ponto de preocupação é a estratégia, no que se refere a alianças com outras organizações de fora do projeto, expondo a pureza de seus ideais. As três preocupações requerem grande habilidade e motivação de suas lideranças.

Brandalise (2003) acrescenta uma nova dificuldade, de ordem legal. Segundo sua pesquisa, não há no Brasil uma legislação de registro contábil compatível com a distribuição de lucros proposta pelo projeto. Ele observa que, "quanto à escrituração contábil do lançamento referente à distribuição de lucro para o projeto, percebe-se que não tem respaldo na legislação societária, portanto a forma correta de fazer o registro contábil é caracterizando a distribuição como doação. Logo, tal evento será registrado como uma despesa do exercício em que se está efetuando a transferência de numerário para o projeto" (Brandalise, 2003:161). Imaginando-se este demonstrativo nas mãos de elementos não integrados ao projeto de EdC, conforme as dificuldades antes listadas por Molteni (2002), o problema cresce em dificuldade.

Na mesma linha de raciocínio, Ferrucci (2000) afirma que a sociedade de capital desejada ainda não existe, pois se os sócios não tivessem mais o direito de utilizar o lucro líquido da forma que lhe conviessem, "as ações desta sociedade perderiam todo o valor comercial, pois estas se baseiam na rentabilidade que podem proporcionar". Conclui o autor expressando sua esperança de que "o desenvolvimento do projeto e a adesão cada vez mais plena aos valores que o fundamentam favoreçam uma legislação fiscal mais justa, que permita às empresas doarem ainda mais" (Ferrucci, 2000:26).

Numa tentativa de transpor as constatações anteriores de que tudo que é bom nesse projeto é qualitativo e subjetivo, enquanto os custos necessários para atingir tais benefícios são tangíveis, trazemos a análise de Zamagni (2002a) sobre os três tipos de custos inerentes a qualquer empresa: os de transação, os de monitoração e os de confiança. Tais custos não acrescentam nada ao produto final e só existem justamente pela falta da ênfase relacional que caracteriza uma organização. Os custos de transação são aqueles necessários à manutenção de relações entre diversas empresas. O de monitoração é típico de uma empresa onde há relação conflituosa entre capital e trabalho, sendo a percepção dominante de que este deva ser constantemente monitorado para que exerça as funções que dele se espera. A linha de montagem fordista e os mecanismos de controle das empresas exemplificam tais dispêndios. Os custos de confiança, por sua vez, se expressam nos *spreads* que cada empresa incorre ao buscar relacionamentos financeiros, influindo, por exemplo, nas taxas de juros a serem pagas. O crescimento de uma empresa passa, necessariamente, por esse tipo de custo.

O argumento do economista Zamagni (2002a) é de que todos esses custos são mais baixos numa empresa de EdC. Primeiro porque o relacionamento, para fora ou para dentro da empresa, não é algo artificial, mas irrompe em cada ato de gestão. Não há uma tentação de enganar o funcionário, ou de tentar extrair mais do que o justo de um cliente, ou de um fornecedor. Isso reduz a necessidade de monitoramento ou de dispêndios com propaganda, procurando, por vezes, esconder o óbvio. Com relação aos custos de juros, ainda que não se tenha um controle efetivo sobre eles, há a convicção de que o risco com denúncias unilaterais por parte de empresas de EdC é menor que o de similares (Zamagni, 2002a:11). Desse raciocínio Zamagni apreende que as empresas do projeto podem arcar com o "custo" que outras evitam ao pagar todos os impostos, não aceitar corrupção ou práticas eticamente duvidosas, ou ainda recusar-se a fazer produtos e serviços fora dos padrões de responsabilidade social e ainda assim serem competitivas.

Barbosa Lima (2003) corrobora essa análise quanto aos custos de transação. Afirma isso não imaginando diferenciais baseados na localidade, nos ativos fixos ou na produção propriamente dita, mas a partir das relações, sejam elas internas ou externas. No primeiro caso, temos uma cultura de confiança dos funcionários em seus líderes que se materializa a partir de uma crença em negociações honestas, em processos intensos de comunicação e tomada de decisão conjunta. Como diz ele, ao compartilhar informações, diminui-se a incerteza e a assimetria informacional (Lima, 2003:14). Do ponto de vista dos *stakeholders* externos, esse processo se repete no exercício de práticas comerciais éticas. As redes, já mencionadas anteriormente, também são fonte de competitividade, segundo Barbosa Lima (2003), pois os contatos informais, lastreados numa crença comum, facilitam a confiança mútua e o auxílio recíproco.

Se por um lado a pesquisa de Brandalise (2003) deixou registrada as limitações legais para a contabilidade das empresas de EdC, por outro aponta para a estabilidade dessas empresas em termos de receita e de lucratividade, quando comparadas com outras fora do projeto. Considerando que as empresas de EdC são, em sua maioria, jovens, essa conclusão respalda a noção de viabilidade da proposta, ao menos até o presente momento.

Em resumo, poderíamos acreditar na afirmação de Gui (2002:120 e 171), "visto que a vida econômica é, desde sempre, fonte privilegiada de oportunidades de relação", "as redes de relações informais entre os cidadãos (...) têm efeitos econômicos tangíveis, comparáveis, por exemplo, aos de uma estrada (no caso de um bem de capital) que facilita a atividade comercial".

Ante esse quadro, Ressl (2000) afirma que a EdC já superou a fase preparatória, com a montagem da infra-estrutura necessária ao seu funcionamento, e encontra-se hoje na fase de execução, com as estruturas em franco desenvolvimento. Os aspectos que expressam essa maturidade são a melhoria do quadro de pessoal, o que envolve aprendizagem por parte dos empresários, empregados e outros participantes na condução do sistema; as empresas em termos de tamanho, finanças, estrutura etc., e a teoria, à medida que pensadores, internos e externos, já se debruçam sobre a experiência à mostra. Acrescenta ainda os projetos sociais que se consolidam ao redor do mundo. A visão de Ressl é plenamente otimista, assegurando que a EdC deverá superar a economia de mercado no futuro. Naturalmente, se o projeto superar todos os obstáculos a sua frente, os citados e ainda a questão da sucessão nas empresas e na liderança do movimento. No primeiro caso, trata-se da disposição dos filhos e sucessores dos empresários para continuar a obra ética dos atuais dirigentes. No segundo caso, a própria sucessão da inquestionável liderança carismática de Chiara Lubich.

Economia de comunhão e sustentabilidade

Como a questão dos relacionamentos é central na EdC, é natural que seu discurso seja voltado à inter-relação e à interdependência das empresas em relação ao projeto com o ambiente, sendo explícita em diversos documentos a preocupação com o desenvolvimento sustentável.

Burckart (2002) afirma que aquelas empresas buscam uma visão integral de desenvolvimento que supera a mera visão ambientalista. Diz ele: "Este conceito enfatiza a inter-relação entre o tecido social, a atividade econômica e o ambiente natural, dando ênfase à dimensão social" (Burckart, 2002:69). Seu conceito de gerenciamento sustentável leva em conta um novo tipo de imbricamento entre produção e consumo e substitui o "eu" típico do liberalismo individualista pelo "nós". Isso, segundo o autor, impõe uma capacidade de reconhecer e lidar com necessidades distintas de agentes múltiplos, que eram ordenados pela ação exclusiva do governo, mas que vem, aos poucos, cedendo responsabilidade para organizações diversas. Tal "sociedade de organizações" faz com que a empresa não mais esteja no centro do interesse, "mas sim todos os grupos com os quais ela se relaciona" (Burckart, 2002:72). A preocupação com a poluição nas empresas de EdC passa a ocorrer, então, não por força de constrangimentos legais, mas pela inseparabilidade do resultado de suas ações. Esse tipo de empresa, segundo o autor, não se veria separada de todos os seus parceiros.

O discurso de Lubich (2000) reforça a necessidade de uma relação de abertura e confiança recíprocas, tendo sempre em vista o interesse geral (Lubich, 2000:17), o que requer uma liderança capaz de administrar pressões e interesses distintos.

Merla (2003) ressalva o uso de uma ferramenta capaz de ajudar as empresas de EdC na condução de seu balanço social. Essa preocupação central na busca pela harmonia em suas relações com os *stakeholders* se materializaria no *rainbow score* para dar suporte à organização, definir e avaliar sua performance, tanto do ponto de vista ético quanto do financeiro. Esse instrumento foi desenvolvido por Giampietro Parolin (2003) e dispõe de sete cores, cada uma associada a determinada dimensão da empresa: financeira, relacional, cultural, ambiental, humana, educacional e de comunicação.

Tal ferramenta consta do portfólio da Rainbow Consulting s.r.i., uma subsidiária da Unilab Holding s.r.i., nascida em 1992, e vinculada à EdC. Sua idéia central é introduzir a discussão da alegria em ambiente de negócios, desenvolvendo uma proposta operacional que integra a criação de valor às dimensões relacionais presentes na EdC, de forma a conjugar interesse próprio com componentes valorativos do *business*, sendo ainda capaz de incluir a dimensão afetiva da alegria (Parolin, 2003). A idéia de arco-íris com suas sete cores em harmonia dava bem a expressão da indivisibilidade pretendida para o fenômeno organizacional.

Com auxílio do Rainbow Score podem-se perceber de forma equilibrada tanto as questões quantitativas, quanto as qualitativas e, em certo sentido, tal ferramenta amplia as quatro dimensões de análise propostas por Kaplan e Norton (1995) em seu *balanced scorecard*. Como pode ser observado, foi, então, necessário o desenvolvimento de uma ferramenta para dar conta da importância que as empresas de EdC emprestam para a sustentabilidade, entendida esta como a relação potencializada da organização com seus *stakeholders*. Por outro lado, Burckart (2002) vê muitas coisas em comum entre a abordagem do desenvolvimento sustentável e a cultura do "dar" defendida pelas empresas de EdC. Em última instância, pensar a EdC é o mesmo que refletir sobre relacionamentos interpessoais e interinstitucionais inseridos em um contexto social e ambiental amplo.

A questão teórica

Tais relacionamentos, em um contexto eminentemente ético, sugeriam ser a característica mais relevante nessas empresas em estudos anteriores como os de Gonçalves e Leitão (2001) e Almeida e Leitão (2003), realizados no Brasil. Todavia não existe, nas teorias organizacionais de orientação estrutural-funcionalista, nenhuma fundamentada ou que fosse nomeada como uma teoria dos relacionamentos. Questões ligadas a relacionamentos interpessoais e interinstitucionais surgem, sim, de forma implícita, em diversos estudos sobre motivação, liderança, papéis, conflito, poder ou cultura organizacional em uma perspectiva manipuladora, diante do tradicional enfoque de gestão, de cima para baixo, que domina toda a teoria organizacional de orientação estrutural-funcionalista.

Nem nos autores da corrente humanista, de visão crítica e emancipacionista, uma teoria dos relacionamentos é citada. Neles, porém, a preocupação é claramente manifesta em estudos que tiveram como foco o uso da palavra no trabalho, da gestualidade, das neuroses do trabalho e outros temas correlatos ao sofrimento no trabalho (Chanlat, 1991). Mas não se fala de uma teoria dos relacionamentos, embora o tema seja suficientemente relevante para a formulação de uma teoria específica.

A questão dos relacionamentos foi mais explicitada naquilo que se chamou de teoria dos *stakeholders*, dentro da corrente dominante, mas agora com preocupações morais manifestas, embora tal nome pouco lembre o tema, pois seu significado está relacionado à capacidade de sustentar riscos para a sobrevivência da empresa. Esta é a preocupação maior de seu enfoque, em que os relacionamentos são um meio para tal fim. De qualquer forma os relacionamentos com os diversos públicos constituem seu objeto de estudo.

O movimento da responsabilidade social corporativa também embute tal objeto a partir de um enfoque fortemente ético, tendo pontos comuns com a abordagem anterior, embora esse movimento também não seja tratado como uma teoria institucionalizada no âmbito da administração de empresas. Ambos podem ser incluídos no que chamamos de administração política, que considera objeto da gestão o saber que conduz à vida coletiva das organizações (Leitão e Machado, 2004).

Sendo este o estado de conhecimento sobre o tema "relacionamentos" em administração, e seguindo a postura tradicional da ciência positivista e neopositivista de fundar o estudo de um fenômeno qualquer em um suporte teórico, essas duas fontes, mais próximas – teoria dos *stakeholders* e responsabilidade social corporativa –, foram escolhidas como orientação deste estudo de campo sobre EdC. Elas deveriam auxiliar a comprovar se o termo "relacionamentos" constitui a palavra-chave no desempenho das empresas do projeto, seu elemento diferenciador. E também identificar a natureza desses relacionamentos.

Teoria dos *stakeholders*

> *Se quiser evitar a revolução, faça-a.*
> N. Maquiavel

As questões que tratam da forma como uma organização se relaciona com seu entorno, ou seu papel na sociedade, propiciam calorosos debates. Todos concordam com um ideal de melhora do bem-estar da humanidade, ninguém defende a destruição ambiental; aceitamos a necessidade de um comportamento empresarial ético, socialmente responsável e sustentável no longo prazo. Mas não há consenso quanto aos caminhos a serem trilhados. É um terreno minado por diversas perspectivas ideológicas, confusões conceituais e muita paixão.

Para viabilizar um mapeamento, ainda que sintético, deste terreno, separamos as discussões em três, para facilitar o desenvolvimento de temas não facilmente distinguíveis entre si e próximos a outros, só mencionáveis aqui quando for inevitável, como é o caso da ética e da ecologia, que poderiam merecer análises individualizadas. Examinaremos, portanto, de forma sucinta, a teoria dos *stakeholders*, a responsabilidade social corporativa e o balanço social, que serviram de base à feitura deste livro.

A teoria dos *stakeholders*

Não existe para ela uma definição universalmente aceita. Logsdon e Yuthas (1997) afirmavam que *stakeholders* são todos os indivíduos ou grupos que afetam ou que são afetados pela organização. Freeman (1994), tido como o criador da expressão, assegura que há um grande número de teorias que tratam da forma como os gestores vêem seus relacionamentos com indivíduos ou grupos. Há um leque de opções que oscilam de simples benefícios recebidos até visões mais amplas, utilitárias ou normativas, que possibilitariam falar em teorias ao invés de teoria dos *stakeholders*.

Hummels (1998) diz que ela é, em primeiro lugar, uma proposta gerencial sobre grupos e indivíduos que têm interesse na sobrevivência da empresa, ou seja, a necessidade de gerenciar os atores que influenciam a continuidade de uma organização. Segundo Wilson (2003), sua premissa fundamental é que, quanto mais fortes forem as relações de uma organização com seus parceiros externos, mais facilmente os objetivos corporativos serão alcançados.

Logsdon e Yuthas (1997) vêem a teoria dos *stakeholders* como se estivesse atrelada à responsabilidade social corporativa (RSC), dando-lhe um cunho moral classificável por estágios, ou seja, as organizações que estão em um nível pré-convencional de comportamento mantêm relacionamentos com outros *players* apenas por interesses imediatos. No nível convencional de comportamento, são aceitas pressões externas e há uma orientação dirigida para o mercado, envolvendo uma preocupação com consumidores, proprietários e empregados. Nos dois casos, a figura do *stakeholder* é definida por um contrato legal, mais do que por um desenho moral. Já no nível pós-convencional, há a primazia de um comportamento moral ampliado, no qual outros atores são convidados a participar das decisões e são por estas considerados, mesmo que não tenham direitos legais. É o caso das comunidades locais, ambientalistas etc. Este comportamento é fruto da influência de fatores individuais, como as características e o desenvolvimento moral dos gestores, e ainda de fatores ambientais representados pelas normas e expectativas sociais.

Quanto aos propósitos da teoria dos *stakeholders*, Stoney e Winstanley (2001) apresentam um quadro referencial contrapondo uma dimensão analítica de um lado e uma reformadora do outro. Há autores que entendem que esta teoria é uma ferramenta de análise, facilitando o mapeamento de diferentes interesses na organização, tendo em vista de que trata de relações de poder entre grupos competidores de *stakeholders*. E há autores imaginando que a teoria gera um modelo prescritivo, visando a transformação da empresa e da sociedade. Mas também existem posições entre esses dois extremos.

Uma classificação freqüente a vê como um fim em si mesma (proposta normativa), ou como uma proposta instrumental, ou seja, um meio para atingir determinados fins. Os autores vinculados à proposta instrumental entendem que a melhora das relações com seu entorno reduz custos. Os que defendem uma aceitação incondicional desta teoria comumente têm uma visão mais profunda de seu viés ético. Dessa forma, tendo ou não alcançado um lucro maior, todos devem cuidar melhor de seus relacionamentos. Esta seria uma condição de existência do próprio ser humano, com prioridade sobre o olhar mercantil.

Em outro texto muito citado, Donaldson e Preston (1995), à semelhança da classificação de Stoney e Winstanley (2001) e de Phillips e colaboradores (2003), acrescentam às opções instrumental e normativa a opção descritiva, na qual a teoria descreve a empresa como uma constelação de interesses cooperativos e competitivos. A visão de Donaldson e Preston (1995) é que, apresar de serem abordagens distintas, há um suporte mútuo entre estas três dimensões. As funções da teoria dos *stakeholders* seriam, portanto, explicar o funcionamento de uma organização e guiar sua operação ante vários relacionamentos. Tal conduta deve ser orientada por linhas morais e filosóficas, as quais pertencem à estrutura daquela teoria desde seu início. Isso dá a ela um cunho gerencial, na medida em que recomenda atitudes, estruturas e práticas que, em conjunto, se constituem em uma nova filosofia de gestão (Donaldson e Preston, 1995:14).

Para Shankman (1999), as abordagens gerenciais sobre *stakeholders* objetivam reduzir a distância entre ética e economia. Elas podem ser subdivididas em modelos de contrato social, visando formatar um determinado comportamento econômico em teorias de agente-*stakeholder* e agente-moralidade.

Outra tipologia, proposta por Stoney e Winstanley (2001), aponta o nível de intervenção que a teoria deveria ter. Enquanto autores como Freeman e Handy entendem que sua prática deva ocorrer em um nível individual, perseguindo uma ética kantiana de direitos universais, Hutton, Kelly e outros propõem regulamentações internacionais dos mercados globais que forcem as empresas a seguir por este caminho.

Para Carrol (1991, 1998c) as cinco principais perguntas a serem respondidas por uma teoria dos *stakeholders* ainda em formação seriam:

❑ Quais são nossos *stakeholders*?
❑ Quais são seus interesses?
❑ Que oportunidades e desafios eles representam para as empresas?
❑ Que responsabilidades as empresas devem ter com seus *stakeholders* dos pontos de vista ético, legal, econômico e filantrópico?
❑ Que estratégias e ações uma empresa deve ter para melhor responder aos desafios e às oportunidades representadas pelos *stakeholders*?

Phillips (2003) e Kaler (2003) também expuseram questões similares, ficando claro que o ponto de partida para o entendimento das forças e contradições de uma teoria sobre o assunto passa obrigatoriamente pela identificação do que são *stakeholders*.

Quem são os *stakeholders*

Para Wilson (2003) há consenso quanto à inclusão dos empregados, dos consumidores, dos acionistas e dos fornecedores. Além desses, há certa dificuldade em se encontrar pleno acordo. Alguns entendem que eles são todos os que correm riscos por conta das atividades das empresas. Outros autores entendem que podem ser assim classificados todos os que sofrem os impactos da ação de uma determinada empresa, sejam estes de ordem climática, mercadológica, cultural ou outros, tornando o conceito muito abrangente.

A extensão do conceito é variada. Nos extremos estão Milton Friedman, que diz ser o acionista o único *stakeholder* válido, e, na outra ponta, Edward Freeman e Archie Carrol, que adotam a maior abrangência para o termo. Freeman e Reed (1983) admitem duas possibilidades para defini-los: a primeira, de senso amplo, formada por todos os grupos ou indivíduos identificáveis como capazes de afetar uma organização no cumprimento de seus objetivos corporativos. Estariam aqui os grupos de interesses públicos, grupos de protesto, agências governamentais, associações de comércio, competidores, sindicatos, empregados, segmentos de clientes, acionistas e outros. Na segunda, no sentido estreito, estariam incluídos apenas os grupos de que a empresa necessita para sobreviver: empregados, segmentos de clientes, alguns fornecedores, agências governamentais-chave e algumas instituições financeiras.

Morgan e Hunt (1994) dividem os *stakeholders* em quatro grupos: internos (empregados e unidades de negócio), compradores (finais e distribuidores), fornecedores e, finalmente, os laterais (competidores, governo e organizações sem fins lucrativos). Sirgy (2002), por sua vez, divide-os em três grupos: o interno (empregados e diretores), o externo (clientes, fornecedores, distribuidores, mídia, meio ambiente, acionistas e comunidades) e os periféricos (agências governamentais, defensores dos consumidores, sindicatos, auditores, líderes industriais, associações de comércio, educação superior e outros).

Uma importante tipologia de *stakeholders* está em Mitchel e colaboradores (1997), considerando três dimensões que os tornam visíveis aos gestores:

sua força diante da empresa, sua legitimação do ponto de vista moral e a urgência com que suas demandas devem ser atendidas. A partir dessas dimensões os autores chegam a sete tipos de *stakeholders* (Mitchel e outros, 1997:847).Tais classificações servem para definir o grau de prioridade dado a solicitações que competem entre si, oriundas de diferentes *stakeholders*.

Em resumo, apresentamos adiante as definições mais recorrentes do conceito e seus autores, em ordem cronológica.

- Stanford Research Institute, em 1963 (Stoney e Winstanley, 2001) – grupos dos quais as empresas dependem para sobreviver.
- Friedman (1970) – os que têm um relacionamento econômico com a organização.
- Freeman e Reed (1983) – senso amplo: qualquer grupo ou indivíduo que possa afetar os objetivos de uma organização; senso estrito: qualquer grupo ou indivíduo do qual a organização dependa para sobreviver.
- Carroll (1991) – grupos ou indivíduos com os quais a organização interage ou com ela têm interdependência. Eles afetam ou são afetados por ações, decisões, políticas, práticas e objetivos da organização.
- Clarkson (1995) – os que têm exposição ou aceitação à propensão ao risco diante das atividades da empresa. Sem risco não há interesse (*stake*).
- Donaldson e Preston (1995) – pessoas ou grupos que têm interesses legítimos em aspectos substantivos e/ou processuais na atividade da empresa.
- Logsdon e Yuthas (1997) – indivíduos ou grupos que afetam e são afetados pela organização.
- Hummels (1998) – indivíduos ou grupos com alguma reivindicação legítima na organização, visando participar da tomada de decisão, porque são afetados pelas práticas, políticas e ações da empresa.
- Shankman (1999) – os que são afetados e afetam a organização.
- Preston (1999) – aqueles grupos que são afetados, favorável ou adversamente, pela operação de uma organização.
- Waddock (2000) – os atores que influenciam o desempenho da empresa.
- Post e colaboradores (2002) – os grupos cujo relacionamento com a empresa faz aumentar sua riqueza.
- Wilson (2003) – todos os que correm riscos com as atividades das empresas.
- Phillips e colaboradores (2003) – normativos: aqueles com os quais a organização tem obrigações morais diretas; derivados: os que tanto podem prejudicar, quanto beneficiar a organização.

As críticas à teoria dos *stakeholders*

Apesar da penetração do conceito, não há unanimidade em sua aceitação por motivos diversos, partindo as críticas principalmente dos adeptos da ortodoxia capitalista. A afirmação "*it is only the shareholder who has a right to know me*", de um executivo de uma grande empresa americana, é representativa dessa oposição ao conceito.

A respeito das diversas correntes de pensamento sobre o papel e a viabilidade dessa teoria, Stoney e Winstanley (2001) apontam três posicionamentos possíveis:

- marxista/radical – rejeita o conceito, pois a sociedade vive um conflito entre capital e trabalho;
- pluralista – considera possível acomodar múltiplos interesses, logo a teoria é viável;
- unitarista/neoliberal – rejeita a teoria, pois só há um único interesse válido, que é o do acionista.

Diversos autores ocupam perspectivas críticas. Key (1999) chega a afirmar não haver nesse tema os atributos necessários para que seja classificado como uma teoria científica, que ele entende como uma tentativa sistemática de compreender aquilo que é observável no mundo, identificando variáveis relevantes e as conexões entre elas. Para este autor, a proposta de Freeman (1984) é uma orientação eminentemente prática, sem o desenvolvimento suficiente de um corpo teórico.

As principais críticas dirigidas à teoria dos *stakeholders* e aos seus autores são:

- Friedman (1970) – a responsabilidade do gestor é com o dono da empresa;
- Key (1999) – não é uma teoria no sentido científico do termo;
- Jensen (2001) – o bem-estar é maximizado quando cada empresa maximiza seu valor de mercado;
- Sternberg (1996) – existe um número infinito de *stakeholders*, o que inviabiliza atender a todos;
- Handy (Hummels, 1998) – é muito difícil, ou impossível, definir com clareza quem é um *stakeholder*;
- Stoney e Winstanley (2001) – o termo é usado de forma retórica e política, sem preocupação teórica;

- Barry (2002) – o acionista não terá interesse em colocar seus recursos na empresa, pois terá de dividir suas decisões com outros atores;
- Smith (2003) – a teoria é mal interpretada, pois não impede atos imorais de gestores mal-intencionados.

Os argumentos favoráveis à teoria

Os autores favoráveis argumentam em dois sentidos. Os primeiros são de cunho instrumental, supondo que a prática de ações responsáveis melhora o desempenho (ou o valor) da empresa. Os segundos são substantivos, entendendo ser obrigação da empresa considerar outros atores além do acionista na hora de tomar decisões.

Para Jones (1995), ao sintetizar a dimensão instrumental, a empresa é "um conjunto de contratos" estabelecido entre os gestores e os *stakeholders*, entre eles os acionistas. Daí advém a teoria do agente, cujos custos ocorrem devido à divergência habitual dos objetivos dos envolvidos e de seu nível de aceitação ao risco. Ainda para este autor existem os custos de transação, causados pela desconfiança mútua entre compradores e fornecedores, e os custos por perda de eficiência, devido à formação de equipes pouco cooperativas. Tais fontes de desperdício de recursos são reduzidas se a liderança da empresa optar por práticas éticas no longo prazo. A empresa obteria a confiança tanto de elementos externos quanto de seus empregados, os quais deixariam de lado comportamentos oportunistas de curto prazo.

Jones e Wicks (1999) sugerem aos autores da teoria dos *stakeholders* unificar as abordagens instrumental e normativa (substantiva), usualmente separadas por eles, para se criar formas de fazer negócios que sejam viáveis e morais – os aspectos instrumentais podem ser moralmente aceitáveis –, explicitando suas propostas em termos razoavelmente éticos. Essa convergência eliminaria a crítica de que uma teoria "pura" seja inviável em termos de competitividade.

Freeman (1999) afirma que a abordagem de *stakeholders* já surgiu de premissas instrumentais, sendo um conceito pragmático. A discussão entre as intenções e o que foi, de fato, alcançado é, em seu entender, pouco útil e tediosa; a teoria é instrumental, o que a afasta de posições "livres de valores", pois as conseqüências importam.

Friedman e Miles (2002) têm visão semelhante, achando prematura uma proposta de convergência para a teoria dos *stakeholders*, pois ainda não há aprofundamento teórico suficiente para esclarecer a relação entre uma organização e seus *stakeholders*. Para os dois, não se deve pensar ainda em abrigar diferentes propostas em uma única estrutura conceitual.

A ênfase instrumental na teoria

Vários autores adeptos da teoria assumiram essa perspectiva. Veremos aqui alguns deles e suas idéias centrais.

Waddock (2000) assevera que, numa empresa responsável, a eficiência e a produtividade aumentam, sua exposição legal se reduz, sua reputação fica protegida e os custos diretos, como, por exemplo, os associados a controle, são minimizados. Seu argumento central é que práticas responsáveis de negócios levam as empresas a *do well (financially) and do good (socially)*. Sua pesquisa mostrou sistemática redução dos níveis de absenteísmo e *turn over* dos empregados nas empresas com práticas responsáveis de recursos humanos (RH). E mostrou também aumento de custos associado a práticas irresponsáveis de uso de recursos naturais e poluição (maior custo de transação, de recrutamento e de conquista de novos clientes).

Outros autores, entre eles, Post e colaboradores (2002), entendem que a confiança é um elemento catalisador de riqueza por causa de uma significativa redução de custos no longo prazo. A confiança mútua é considerada um atributo desejável nas relações com *stakeholders*, entendendo tais autores que essa teoria é propícia ao aumento do valor da empresa.

Hillman e Keim (2001) dizem que o desenvolvimento de relações de longo prazo com financiadores, empregados, fornecedores, moradores da comunidade e ambiente natural aumenta a criação de valores de troca para além do que seria viável numa relação mercadológica limitada. Em outros termos, a visão dessa teoria traz uma interação relacional, ao invés de transacional, aumentando o potencial competitivo da empresa. Uma interação relacional demanda investimentos além dos financeiros, tal como confiança, levando à cooperação. Post e colaboradores (2002) citam as empresas estudadas, Cummins, Motorola e Royal Dutch/Shell, como casos de sucesso associados à aplicação de conceitos de *stakeholder view* (SHV), de interações recíprocas com seus *stakeholders*.

Na pesquisa de Berman e colaboradores (1999) foram obtidos resultados favoráveis à teoria ao se medir o desempenho das 100 maiores empresas da lista da revista *Fortune* ao longo de cinco anos e, ainda, na análise dos índices do mais popular banco de dados em performance social, o KLD, da Kinder, Lydenberg e Domini, empresa que cobre o desempenho social de mais de 650 grandes organizações pelo mundo. O resultado apontou para um bom desempenho financeiro das organizações que mantinham um relacionamento voltado aos *stakeholders*, especialmente com os empregados e com os consumidores, no tocante à oferta de produtos ou serviços seguros e/ou de qualidade. Não apresentaram resultados estatisticamente relevantes as relações com a comunidade e com o ambiente natural. As empresas do grupo estudado que mantinham uma postura normativa, ou seja, que adotaram esse caminho por uma questão moral, não apresentaram performance financeira superior às demais. Em resumo, o estudo sugere que a teoria dos *stakeholders*, quando adotada como gestão estratégica, aumenta a performance financeira da empresa, mas o mesmo não pode ser constatado onde a opção foi meramente moral e ética.

A ênfase substantiva

Sem ser a única representante da visão ética na empresa, a teoria dos *stakeholders* tem firme posição nessa área entre seus adeptos. Gibson (2002) defende as obrigações morais da empresa para com indivíduos e grupos, pois estes são mais do que entidades maximizadoras de lucros. Tal postura deontológica sustenta que os indivíduos são fins em si mesmos, e qualquer processo administrativo deve respeitar sua dignidade. Este autor ressalta o papel das lideranças na condução desse novo tipo de capitalismo. Quinn e Jones (1995) sugerem quatro princípios éticos para uma organização existir: não fazer mal a outros, respeitar a autonomia de todos, evitar a mentira e honrar acordos. São orientações de cunho moral e não necessariamente legal, conforme apregoa a teoria em sua forma prescritiva.

No Canadá foi criado um centro de estudos sobre a *stakeholder theory*, conduzido por Max Clarkson, que orientou o projeto *Redefining the corporation: an international colloquy*, financiado pela Alfred P. Sloan Foundation. Das diversas publicações geradas, a principal, *Principles of stakeholder management*, descreve as obrigações morais do gestor ao superar sua posição de agente fiduciário dos proprietários e o seu papel como depositário de uma autoridade discricionária, bem como sua obrigação em lidar, aberta e honestamente, com os vários públicos da empresa, norteado por um senso de justiça que irrompe de suas próprias ações. É atribuída ao gestor grande importância na condução ética dos negócios.

Também Gerde (2000) está preocupado com uma organização "justa", ao perceber na justiça um princípio organizativo fundamental, cabendo ao desenho organizacional auxiliar neste objetivo. Tal organização tem de ser capaz de distribuir adequadamente seus custos e benefícios entre todos os que se relacionam com a empresa, devendo, portanto, ser socialmente responsável.

Hummels (1998), por sua vez, entende que muitos dos eventos recentes ocorridos com grandes multinacionais americanas e européias, que vivenciaram fraudes notáveis, mostram a fragilidade da teoria do agente, concorrente com a teoria dos *stakeholders*. Ao contrário daquela, esta insere um componente ético que torna a ação dos gestores menos suscetível ao que é espúrio, menos por causa da lei do que pela intenção de respeitar o próximo.

Sem ser considerado diretamente um pensador da teoria dos *stakeholders*, o prêmio Nobel indiano Amartya Sen é freqüentemente mencionado quando se trata dos aspectos morais do mercado. Para ele, ética e economia de mercado são indissociáveis e a história mostra isso. Há problema sempre que a economia se reduz a um mercado competitivo e agressivo, buscando otimizações de lucro, e desconsidera os indivíduos e sua felicidade (Sen, 1999).

Outros autores caminham em linha similar. Kaler (2003) entende que esta abordagem representa uma instância reformista do capitalismo na direção de uma menor concentração no interesse dos proprietários. Carrol (1998b) percebe essa teoria como um elo entre negócios e sociedade. Shankman (1999) diz que a teoria dos *stakeholders* é uma desafiante para a predominante teoria dos agentes, nos termos propostos por Kuhn (1982), capaz de atender às demandas dos outros *players* que não apenas dos acionistas. Ele pensa que as contradições da teoria do agente levarão a sua desconstrução, o que fortaleceria a teoria dos *stakeholders*, que incorpora dimensões omitidas por aquela. A nova teoria libertaria as vozes silenciosas dos grupos habitualmente marginalizados dentro do contexto organizacional hegemônico, como lembram Chryssides e Kaler (1993).

Os autores que entendem ter a teoria um cunho moral orientador das práticas empresariais incluem Langtry (1994), Maitland (2001), Cragg (2002) e Zadek (1999). Este último defende o aumento da influência de outros envolvidos, que não apenas os acionistas, na tomada de decisão corporativa (Zadek, 2001), o que não significaria uma ação ética automática para as pessoas e para o planeta, pois a globalização abre caminho para práticas agressivas e questionáveis, embora lucrativas. Essa postura requer também uma cidadania corporativa emergente de uma nova economia, vinculada à internet, que possibilita maior engajamento com os públicos da empresa pelo maior acesso à informação.

Apesar das questões conceituais ainda em aberto, freqüentes nos discursos dos críticos a essa teoria, há unanimidade quanto a estarmos diante de uma nova forma de entender a empresa e sua relação com o ambiente. Os embates éticos em relação ao que é justo e os instrumentais, associados à sustentação de uma proposta reificada de maximização da eficiência do mercado, espraiam-se para a ação decorrente dessa teoria. Nesse embate não há espaço para posturas neutras, o que fica claro nos estudos sobre RSC, que passaremos agora a considerar.

Responsabilidade social corporativa e balanço social

Um desdobramento indissociável da abordagem dos *stakeholders* é a responsabilidade que uma empresa carrega em sua ação, por isso vários autores tratam os dois temas como se fossem um só. Wilson (2003) entende a RSC, tal como a *stakeholder theory*, como um dos elementos integrantes da sustentabilidade corporativa. A RSC é uma disciplina proveniente de uma filosofia moral, sustentada por argumentos éticos e, portanto, um conceito filosófico que se preocupa como e por que as corporações devem trabalhar na direção de objetivos sustentáveis. Já a teoria dos *stakeholders*, apesar de ter as mesmas preocupações finais, tem em suas bases argumentos gerenciais.

A premissa da RSC para aquele autor é de que os gerentes têm obrigações éticas com a sociedade e, por isso, em sua tomada de decisão devem levar em conta outros relacionamentos além daquele já consagrado com os acionistas. Tal relação intensa entre as duas correntes requer uma melhor definição de suas áreas de atuação.

Teoria dos *stakeholders* e responsabilidade social corporativa

Carrol (1991) e Wood e Jones (1995) atestam a proximidade entre esses dois campos acima mencionados quando avaliam a experiência em RSC, usando como quadro de referência a teoria dos *stakeholders*. Na percepção desses autores, os gerentes respondem a controles sociais expressando suas ações, políticas e valores nas relações de prioridades estabelecidas com seus *stakeholders*.

Na década de 1970, Robert Ackerman já dizia haver fases a serem vencidas para a empresa encontrar um comportamento que atendesse às demandas sociais. Na primeira, haveria o reconhecimento dos problemas sociais pela gestão; na segunda, ocorreria a contratação de especialistas capacitados, com poder para implementar ações compatíveis com essa percepção; a fase três ligaria a gerência à operação, pois se reconhecia existir comprometimento com os resultados.

No estudo histórico de Kreitlon (2003), a partir dos anos 1950 puderam-se notar uma aproximação sucessiva da perspectiva dos *stakeholders* e um aumento da quantidade de organizações de alcance mundial que contribuíram para a consolidação do conceito. Para aquela autora, uma definição possível para RSC seria "o processo através do qual uma empresa promove, por meio do diálogo e da participação democrática, a inclusão dos diversos grupos de interesses legítimos que se encontram sob sua esfera de influência, tendo por objetivo a formulação de estratégias e políticas organizacionais coerentes com esses interesses".

Strong e colaboradores (2001) entendem que RSC diz respeito à satisfação dos três principais grupos de *stakeholders*, ou seja, acionistas, empregados e clientes. Mohr e colaboradores (2001) percebem que RSC é um conceito amplo, não chegando a surpreender o fato de receber significados diferentes: há definições multidimensionais, bem como as que se baseiam no conceito de marketing societal. Mas para esses autores a melhor definição é a de RSC ser o compromisso de uma empresa para eliminar ou minimizar quaisquer efeitos deletérios para a sociedade causados por suas práticas, ao mesmo tempo que busca maximizar seus impactos positivos no longo prazo (Mohr e outros, 2001:47). Com base em pesquisa de campo, os autores concluíram pela existência, no mercado, de segmentos de consumidores que levam em conta, em suas decisões de compra, o fato de uma empresa ser ou não socialmente responsável.

Para Carrol (1998c), os conceitos existentes de RSC ainda são vagos e se situam, em linhas gerais, em dois ramos: os que entendem que o objetivo da empresa é aumentar o lucro; e os que acreditam existir algo além disso a ser feito pela empresa. Para ela, RSC engloba as expectativas econômica, legal, ética e discricionária tidas pela sociedade em relação às empresas em certo momento histórico.

Por sua vez, Panapanaan e colaboradores (2003) reforçam a idéia da inexistência de uma definição universalmente aceita de RSC, da mesma forma como ocorre com a de *stakeholders*. O que aparentemente há em comum nas distintas orientações é que RSC tem a ver com "fazer negócios com sustentabilidade e ética" (Panapanaan e outros, 2003:135). RSC seria uma outra dimensão do desenvolvimento sustentável, que vem ladeado pelas responsabilidades econômicas e ambientais. Na concepção desses autores, RSC flui através de cinco atividades fundamentais: organização e estrutura da empresa, seu planejamento, implementação de idéias, monitoramento e avaliação contínuos e, ainda, a comunicação dos resultados.

Existe, segundo esses autores, uma crescente preocupação das empresas em encampar a visão de RSC. Na pesquisa *Millenium poll*, realizada junto a grandes corporações multinacionais, a maioria afirmou trabalhar na busca de valores sociais, ambientais e econômicos, reduzindo com isso os impactos negativos produzidos como resultados de suas ações. Outras instituições que atuam globalmente, como a World Business Council for Sustainable Development, apontam para o aumento da freqüência do tema em fóruns mundiais. O relatório dessa entidade, no ano de 1999, enfatizava a necessidade da associação de um comportamento ético com o crescimento econômico, de forma a preservar as riquezas globais para as gerações futuras.

Ainda no âmbito das conceituações, a comissão européia diz que responsabilidade social empresarial representa a adoção voluntária, pelas empresas, de preocupações sociais e ambientais nas suas atividades e nas suas relações com *stakeholders* (Kreitlon, 2003:2) Nos Estados Unidos o conceito levou à concessão de prêmios às empresas que se destacaram em sua conduta moral, entre eles o Pioner Awards in Global Ethics, o Corporate Conscience Awards e o Newman's Own/George Award.

Do ponto de vista dos resultados financeiros e mercadológicos alcançados pelos que perseveraram na trilha da RSC, o estudo conduzido por Orlitzky e colaboradores (2003) concluiu por uma correlação positiva entre RSC e performance financeira corporativa (PFC) nos dois sentidos. Isto é, tanto a RSC pode servir como agente catalisador da PFC, quanto pode ocorrer o inverso. Todavia este estudo é uma metanálise, englobando os resultados de vários outros, a maioria deles pouco conclusiva.

Na perspectiva da performance social, medida pelos indicadores Kinder, Lydenburg, Domini (KLD), Hillman e Keim (2001) estudaram várias empresas em confronto com seus resultados econômicos. A conclusão foi de que houve maior criação de valor ao acionista nos casos de empresas que seguiram uma gestão baseada nos preceitos relacionais, sugeridos por um *stakeholder management*, do que naqueles que não os tinham como prioridade. Além desses estudos, vários outros foram feitos, desde a década de 1970, associando RSC a lucratividade, com conclusões distintas, embora o estudo de Verschoor (1998), em 376 empresas, tenha encontrado forte ligação estatística entre boa performance financeira e comprometimento ético.

Uma significativa amplitude e a variedade de pesquisas sobre responsabilidade social corporativa acabaram por exigir um esforço classificatório das diferentes propostas sobre o tema, muito ao gosto, aliás, da visão funcionalista da administração. Algumas dessas tipologias serão citadas a seguir.

Tipologias sobre estágios da RSC

Anderson (1986) refere-se a uma fase que abrange do início do século XX até os anos 1970, quando o voluntariado empresarial predominou: a época do *doing good*, expressão representativa da caridade e da filantropia presentes na relação esporádica de melhorias sociais de algumas corporações com seu entorno. Todavia tais ações não eram bem-vistas pelos acionistas, pois eles as consideravam desperdício de recursos. A fase atual encontra a grande corporação diante de pressões para satisfazer públicos mais amplos do que os acionistas. As empresas, espontaneamente, não se vêem levadas a realizar algum tipo de ação para atender a demandas sociais, o que dá um caráter obrigatório a essas práticas. O trato destas práticas sociais como investimento ameniza a resistência dos acionistas. Tal linha de conduta tem um caráter proativo, pressupondo um planejamento capaz de antecipar a aplicação de recursos e fortalecer o futuro da organização. Mas para Stroup e Neubert (1987), poucas empresas estão fixadas nessa proposta, o que responde pela ruptura entre a posição dos acionistas e a dos demais *stakeholders*.

Uma tipologia muito conhecida é a de William Frederick (1994), pressupondo uma seqüência que aprofunda sistematicamente as preocupações da empresa. No primeiro nível, chamado de CSR1 pelo autor, está a idéia de que a RSC impõe às empresas uma obrigação de trabalhar para melhorar as questões sociais. Teve origem nos anos 1950 e prevaleceu até meados da década de 1970, sempre vinculado aos estudos denominados *business-and-society*. Sua proposta é eminentemente normativa, pela percepção de que havia algo errado na forma tradicional de gestão. É um conceito de larga amplitude e pouca especificidade.

A evolução desse conceito, segundo Frederick (1986), levou ao nível de CSR2, ou de responsividade social corporativa, definida como a capacidade da empresa em responder a pressões sociais, ou, em termos da *stakeholder theory*, a capacidade do gerente para conduzir as relações com os diversos grupos com os quais sua empresa se envolve. A CSR2 está mais voltada para o pragmatismo gerencial e inclui aceitar auditorias sociais.

O terceiro nível proposto por Frederick (1986) é o CSR3, ou retitude social corporativa, que incorpora a noção de correção moral nas ações e políticas formuladas pela organização. A dimensão ética passa a pertencer ao núcleo da empresa para efeito da tomada de decisão e formação de sua cultura.

O último nível é o CSR4, o qual engloba o cosmo, a ciência e a religião, depois de a empresa passar pelas três fases anteriores. Neste nível, natureza e espiritualidade passam a ser inseridas na dinâmica organizacional, pois o ser humano, que faz e habita a empresa, carrega consigo tais dimensões.

Além desta, são conhecidas as tipologias de Sethi (1975) com três níveis, de Carrol (1979), com quatro níveis, de Schwartz e Carroll (2003), com a idéia de três domínios que se sobrepõem, e o modelo de Enderle e Tavis (1998).

RSC: críticas e defesas

Novas propostas sempre geram seus críticos e seus adeptos. Entre os críticos, Jones (1996) afirma que o conceito é desprovido de coerência teórica, evidência empírica, viabilidade e conhecimento sobre suas implicações. Do ponto de vista marxista, diz ele, não é possível esperar que uma empresa se comporte, voluntariamente, da forma como Wood (1991b) supõe, ou seja, com legitimação social, responsabilidade pública e discrição gerencial nas esferas legal, ética e discricionária. Seria um comportamento incompatível com a racionalidade capitalista.

Barry (2002), crítico contumaz da teoria dos *stakeholders*, contesta a crença de a empresa ter obrigações outras que não as com seus proprietários, pois a obrigaria a lidar com uma entidade vaga, a sociedade, e suas demandas nem sempre convergentes. Hutton (2000), por sua vez, constata que, com o acirramento da competição nesse mundo globalizado, *takeovers* hostis sobre um gestor preso ao discurso de RSC levariam à perda de competitividade. Nessa linha de argumento voltada para a "realidade do mercado" estão outros autores que não vêem compatibilidade entre a orientação mercadológica da empresa capitalista e a socioambiental.

McWilliam e Siegel (2001) advertem que existe um ponto ótimo de aplicação de recursos em ações sociais, além do qual a empresa perde dinheiro. A percepção positiva dessas práticas agregaria valor à marca, autorizando a empresa a cobrar por seus produtos e serviços. O problema é identificar até quando faz sentido aumentar custos nas melhorias e comunicação ao mercado, de forma a cobrar um preço maior e ainda ser competitivo, o que vai depender da elasticidade de cada mercado. Aqueles dois autores, bem como Swanson (1995), Hendersen (2001) e Marrewijk (2003), concordam haver falta de consistência nos estudos empíricos de RSC, a qual está associada à falta de uma teoria que ligue o tema às forças de mercado.

Em contraponto a tais visões negativas, encontramos novamente o prêmio Nobel indiano Amartya Sen, ao esclarecer que a origem da dissociação entre economia e sociedade se deve mais a uma leitura equivocada de Adam Smith do que a uma realidade inquestionável (Sen, 1999). Investir em RSC seria reconciliar o que foi arbitrária e erradamente cindido para restabelecer a ordem das coisas. Autores clássicos da administração de empresas, como Chester Barnard, Herbert Simon, Phillip Selznick e Peter Drucker, desenvolvem linha de raciocínio semelhante, apresentando argumentos que oxigenam a relação da organização com a sociedade (Joyner e Payne, 2002).

Assumindo uma perspectiva instrumental, Panapanaan e colaboradores (2003) lembram que a vantagem das empresas socialmente responsáveis está na maior facilidade em atrair bons recrutas e de desenvolver e manter maior lealdade internamente. Do ponto de vista externo, têm maior propensão para serem fornecedores de destaque, e a elas é dado o benefício da dúvida "quando as coisas dão errado". Esta também é a posição de Joyner e Payne (2002), que mencionam uma pesquisa com funcionários de empresas, consideradas éticas por eles próprios, em que o grau de comprometimento era muito alto. E também a de Burke e Logsdon (1996), quando afirmam que a RSC se paga à medida que gera benefícios substanciais às atividades das empresas.

Fittipaldi (2004) reporta uma pesquisa realizada ao longo de quatro anos, com centenas de empresas, pela firma de consultoria financeira Stanley Morgan, evidenciando o desempenho superior em bolsas de valores das ações de empresas com maior destaque em práticas de RSC. No Brasil, ele cita o Banco ABM AMRO como exemplo de sucesso nas duas frentes, enquanto Zadeck (2001) menciona a Aracruz Celulose e as Organizações Globo como destaques. Fittipaldi (2004) cita, em âmbito mundial, as inglesas British Petroleum, Tesco, British Telecom e as americanas Intel e Procter & Gamble como as mais avançadas em ações de RSC no mundo.

Entre os apoiadores da RSC ainda poderíamos acrescentar a perspectiva normativa de Carrol (1991), que vê tal conceito como um produto dos novos tempos, mais críticos em relação à ação incontrolada de grandes grupos econômicos, e que não se pode evitar.

Não obstante a importância da responsabilidade e da responsividade de uma empresa no campo social, tem sido freqüente nas discussões sobre o tema a preocupação com a ação propriamente dita e a medição dos impactos desta sobre os ambientes interno e externo da organização, uma velha tendência nos estudos sobre administração de empresas. Neste sentido, ferramentas de mensuração, como o *balanced scorecard*, proposto por Kaplan e Norton (1995), a International Organization for Standardization (ISO) ou o Total Quality Management (TQM), tornaram-se familiares aos analistas da gestão. O argumento é que, se a abordagem da performance social corporativa busca atender às demandas de todos os *stakeholders*, a ação social da empresa não deve estar isenta de mensuração. É o que, sumariamente, discutiremos a seguir.

Performance social corporativa e balanço social

As inúmeras contribuições, de diversos matizes, sobre o papel social da organização formam um caleidoscópio de conceitos, cheio de definições que se sobrepõem e interpenetram. Marrewijk (2003) interpreta esse fato como sinal da busca de um comportamento empresarial mais humano e mais transparente.

A performance social corporativa (PSC) é um desses conceitos propostos formalmente por Carrol (1979), embora outros autores já o sugerissem como uma extensão da responsabilidade social corporativa. Para Carrol, a PSC surge de uma tríplice articulação: a primeira é a definição de responsabilidade social, determinando se a empresa deve assumir compromissos que não só os econômicos; a segunda é a delimitação de seu campo de alcance; a terceira, a postura proativa ou reativa da empresa ante os desafios sociais. Essas dimensões foram aprofundadas por diversos autores, mas há os que criticam tal modelo, como Clarkson (1995), que o acha complexo, de difícil aplicação e verificação, por lhe faltar um método que auxilie sua execução. Medir é fundamental. Sirgy (2002) diz que a medição de performance da qualidade dos relacionamentos é a base da boa estratégia corporativa. Zadek (1999) concorda e acrescenta que se deve medir por quatro razões: primeiro, para compreender o que a empresa quer e o que está fazendo; segundo, para saber as conseqüências do que ela faz; terceiro, para saber lidar com os *stakeholders* agressivos; quarto, para descobrir se há opções práticas capazes de melhorar sua performance social sem afetar seus negócios.

Da criação do conceito de PSC, com Carrol, até sua solidificação no início dos anos 1990, a produção em torno desse tema foi pródiga. Aos já citados acrescentem-se os trabalhos de Frederick (1994), Wood (1991a, 1991b), Wartick e Cochran (1985), Harrison e Freeman (1999), Berry e Parasuraman (1991), Waddock e Graves (1997), Simerly (2003), entre outros. Este último associa a formação do gestor e de seu *staff* com a performance social corporativa da organização que dirige, concluindo que os grupos com formação mais voltada para fora, como marketing ou pesquisa e desenvolvimento, têm melhor desempenho em PSC, ao passo que os mais ligados a processos internos, como operações e produção, apresentam desempenho pior nessa área. Relaciona, assim, a liderança da organização com a qualidade da ação social que realiza. Com certa semelhança, um estudo citado por Harrison e Freeman (1999) constata que empresas com maior representatividade externa em sua diretoria apresentam maior nível de performance social corporativa (Harrison e Freeman, 1999:482). E há ainda as pesquisas que relacionam a prática do PSC com um melhor desempenho financeiro.

No âmbito dos estudos e práticas sobre balanço social (BS) também se desenvolveram ferramentas próprias para avaliação e divulgação da qualidade do relacionamento de uma empresa com seus *stakeholders*. Existem também aí diversas contribuições.

Logsdon e Lewellyn (2000) identificaram os esforços de algumas empresas para apresentar à sociedade suas preocupações nesse campo. São citados em seu estudo o Bank of America, a General Motors, a Levy-Strauss, a Shell e a popular The Body Shop. Em empresas como essas, como nas referências a elas, surgiram expressões como *social auditing, social measuring and reporting, social accountability*, ou, ainda, *best practices, intelectual capital, ethical budgets* e outros termos que passaram a freqüentar os balanços formais e as comunicações empresariais, a despeito da intensa crítica e desconfiança suscitadas. Algumas provinham da desconfiança quanto à seriedade das intenções dessas empresas, enquanto outras se relacionavam à falta de critérios comuns para possibilitar a comparação entre empresas.

Tais fragilidades provocaram iniciativas para disponibilizar um conjunto de padrões de balanço social. Surgiram inúmeros modelos e propostas, alguns originados de organizações não-governamentais, outras a partir de esforços empresariais, e também as originadas de órgãos governamentais multilaterais. Os três mais famosos em nível mundial são o Institute for Social an Ethical Accountability, o Global Reporting Initiative e as normas da Social Accountability 8000. Todos são códigos de conduta voluntários, já que não existem instâncias que possam exigir sua aplicação e cada um enfoca suas análises para *stakeholders* específicos.

Outras iniciativas também podem ser citadas: a Ethical Trading Initiative, a Clean Clothes Campaign, o Worldwide Responsability Apparel Production, a Fair Labour Association, o Dow Jones Sustainability Index, o Sustainabitily Integrated Guidelines for Management e os Guidelines for Multinational Enterprise Organization for Economic Co-operation and Development (OCD), entre outras.

No Brasil é muito usado o quadro de referência proposto, em 1997, pelo Instituto Brasileiro de Análises Sociais e Econômicas (Ibase), que ganhou notoriedade com a ação do sociólogo Herbert de Souza na defesa da cidadania e contra a fome no país. O balanço social do Ibase é um demonstrativo que deve ser publicado todos os anos pela empresa que assim o desejar, ficando os dados disponíveis para o grande público. Tal instrumento atende a questões envolvendo diversos *stakeholders*, desde funcionários até o ambiente. A empresa disposta a publicá-lo recebe um selo que pode ser adicionado a sua marca, como um atestado de suas preocupações com aspectos sociais. Centenas de empresas brasileiras publicam seus balanços sociais, os quais ficam disponíveis no site da instituição.

Outra instituição com conceito e renome no campo da avaliação de práticas empresariais é o Instituto Ethos. Ele desenvolveu, em conjunto com algumas empresas brasileiras, indicadores para sete grandes temas: valores e transparência, público interno, meio ambiente, fornecedores, consumidores e clientes, comunidade e governo e, ainda, sociedade. Esses indicadores possuem dois formatos: uma escala de quatro estágios, em que a empresa se classifica, e um conjunto binário de respostas do tipo sim ou não. Segundo o manual de orientação, os dados "fornecidos serão tratados com máxima confidencialidade (...) e não serão utilizados para nenhum outro fim. As empresas que julgarem ter atingido o estágio mais elevado em relação a algum dos indicadores serão convidadas a relatar suas práticas ao Ethos, que as divulgará pelo Banco de Práticas" (Instituto Ethos, 2003). A intenção desta iniciativa é divulgar as melhores práticas gerenciais e criar um ambiente de estímulo para tais práticas.

Parece haver uma convergência em andamento nos principais padrões hoje existentes, ainda que ocorram diferenças de ênfases. A relevância de *benchmarks* externos e internos, o entendimento da importância da presença de agentes externos e dos princípios considerados *good practices* são exemplos dessa convergência (Zadek, 2001).

Após esse resumo das questões relevantes envolvendo os *stakeholders* e o impacto na sociedade das ações empresariais, cabe discutir agora as peculiaridades da EdC em suas práticas, observadas a partir dos estudos de casos conduzidos por este livro. É o tema do próximo capítulo.

Empresas de economia de comunhão e suas práticas

A base do relacionamento nas empresas de EdC é o amor, e não o egoísmo.
Rodolfo Leibholz, presidente da Espri

Este capítulo apresenta os resultados qualitativos e quantitativos do estudo de caso múltiplo realizado com cinco empresas líderes do projeto de EdC. Aqui se encontram, em primeiro lugar, as características de atuação observadas, relatando-se de forma sumária as entrevistas mais representativas de cada empresa estudada e as observações referentes ao ambiente organizacional, além de informações sobre os dois congressos nacionais de 2002 e 2003 e da convenção internacional de 2004. Em sua segunda parte são apresentados dados colhidos na *survey* realizada e os números do balanço social fornecidos por três das empresas estudadas e que foram contrapostos ao banco de dados do Ibase.

A visão qualitativa

Os congressos nacionais e o internacional

Nosso primeiro contato pessoal com os participantes do projeto de EdC ocorreu no XI Congresso Nacional de Empresários e Agentes da Economia de Comunhão, promovido pelo Movimento dos Focolares, no período de 7 a 9 de junho de 2002, na mariápolis Ginetta, em Vargem Grande Paulista, São Paulo. Nele foram formadas nossas primeiras impressões sobre o projeto de EdC, que seriam marcantes e nos levaram a decidir o tema de nossa tese de doutoramento.

Era um clima diferente. A atmosfera de receptividade e a alegria das pessoas que por ali circulavam davam um tom distinto às habituais reuniões de empresários. Foi uma sensação de difícil reprodução literal e relevante para a vivência no universo de EdC. A diferença percebida escapa da rede conceitual tradicionalmente usada por nós, afeita aos referenciais weberianos, adornianos e porterianos.

A chegada à mariápolis foi emblemática. Ao sairmos do táxi, ainda em dúvida quanto às razões que nos conduziam àquele distante local, defrontamo-nos com um grupo de desconhecidos que conversavam à porta do grande auditório. Três se descolaram para nos ajudar com a mala, oferecer orientação. Um deles era um empresário com quem teríamos muitos contatos ao longo dos dois anos em que a pesquisa se desenvolveu. A disponibilidade e o sorriso integravam um padrão de comportamento comum aos participantes do evento, o que despertou nossa curiosidade e que seria repetido nas empresas visitadas durante a pesquisa.

A mariápolis Ginetta é um espaço amplo, próximo à estrada, onde sobressaem as casas e apartamentos funcionais, com jardins bem tratados e limpos, sem os ruídos e odores da vida citadina. Compõem o ambiente o auditório bem equipado, os espaços externos de convívio, o refeitório, o campo de futebol e o entorno, no qual existem mais moradias, a editora Cidade Nova e uma confeitaria na qual trabalham pessoas ligadas ao Movimento dos Focolares. Não há sinais de riqueza, mas de limpeza, serenidade e disponibilidade de recursos. Tal descrição não ficaria muito distante dos empresários e demais presentes. Não havia Armanis ou Rolex, apenas carros de boa qualidade estacionados no campo de futebol.

Cerca de 500 pessoas compareceram ao congresso, entre empresários, pesquisadores de origens e ramos distintos, políticos de diferentes colorações ideológicas e muitos colaboradores do Movimento dos Focolares, além de simpatizantes do Brasil e do exterior. Apesar dessa aparência cosmopolita, podiam-se perceber certas similaridades nas indumentárias, nos gestos e nas falas. Nas mulheres predominavam os cabelos curtos, a pouca presença de adornos e roupas em tons e formas discretas. Havia certo cunho familiar no evento, com muitos casais, inclusive compondo a mesa, e faixa predominante de idade entre 30 e 50 anos. Esse aspecto esteve presente também nos relatos de vivências. Não raro casais já maduros testemunharam o caráter indissociável entre experiência econômica e mundo pessoal. No projeto de EdC muitas empresas são conduzidas por famílias, até porque existe entre esses empreendedores a convicção de que a humanidade é uma família, artificialmente cindida, mas em busca de uma ampla reintegração. Se para Guerreiro Ramos (1981) a família é um exemplo de organização não administrada, este é um aspecto que aproxima a EdC das organizações substantivas.

Os depoimentos de empresários e de pesquisadores foram as presenças maiores nos painéis. A convicção de que algo diferente estaria ocorrendo no mundo – a experiência de EdC – era uma constante presença nos discursos. As experiências éticas de sucesso e o uso de palavras-chave no Movimento dos Focolares serviam para reforço das crenças e do sentido de comunidade do grupo, sempre apoiadas por aplausos.

Expressões freqüentes foram: "sócio invisível", "providência divina", "partilhar com amor", "comunhão", "dar", "partilhar", "amor". A palavra "pobre" foi muito pronunciada, não em oposição a rico, mas no sentido de que estão dialeticamente postados no mesmo espaço. "Coragem" foi outro termo de destaque, pois dá sustentação, juntamente com a fé, a uma difícil opção ética. Em muitos relatos o gestor de comunhão falava de situações nas quais a fé seria o farol e a coragem, a condição de perseverança no caminho escolhido.

O termo "globalização" foi usado como uma forma de radicalização do capitalismo, desumanizadora das relações e causadora de flagelos existentes no mundo de hoje, mas no discurso dos empresários prevaleceram as microrrelações que rodeiam as empresas, situações relacionadas a corrupção, funcionários, concorrência desleal etc.

Entre os pesquisadores, principalmente sociólogos, a EdC foi tratada como uma via distinta do capitalismo, que reifica tudo o que toca, e do comunismo ateu. A pesquisadora Vera Araújo, teórica do movimento, afirma que a globalização atropela os processos lógico-racionais, com uma ética que não se fundamenta mais na humanidade, mas na técnica. A EdC pode ser o resgate dessa dimensão humana, na medida em que reinsere a comunhão na economia. Em sua visão, na origem antropológica da cultura da partilha está um *homo donatus*, capaz de exercer a partilha. Não se trata aí de assistencialismo ou filantropia, mas o viver a dimensão do doar como algo fundamental ao ser humano, pois doar é o mesmo que amar. E aqui existe um ponto comum entre a filosofia de EdC e a biologia do conhecimento, pois nesta a vida coletiva só é possível mediante a presença da aceitação do outro, que corresponde ao conceito de amor no cristianismo (Maturana, 2001). É o dar desinteressado que qualifica a comunhão. Nesse sentido, a EdC tem vários pontos de tensão com a visão hegemônica no mundo, pois opõe o dar ao reter, o partilhar ao acumular e o outro ao eu.

Os depoimentos no congresso foram numerosos, mas o ponto alto foi a exibição, em filme, do discurso de Chiara Lubich, a fundadora do movimento. Percebe-se no auditório certo arrebatamento, ficando evidente sua liderança carismática enquanto apresentava aqueles ideais que confortam, aglutinam e motivam o grupo.

Congressos também propiciam conversas de corredores muito ilustrativas com empresários e pesquisadores. A pergunta a um empresário quanto a ser possível participar do projeto sem ser vinculado ao Movimento dos Focolares foi um veemente "sim". Na realidade há uma explícita preocupação com que ele não fique confinado aos muros do movimento. Quando se perguntou se não havia o medo de ser passado para trás, de ver-se explorado, ou ter de aceitar pessoas que utilizem a "marca" EdC com fins instrumentais, para alavancar vendas, a resposta foi ainda mais marcante: "Devemos correr os riscos. Não fazer é pior". Em todos eles existe a crença de que o mundo como está não atende às mais básicas necessidades e expectativas humanas e de que algo tem de ser feito.

Filmes e manifestações artísticas também fizeram parte do congresso, que tinha seus almoços servidos pelos moradores da mariápolis, ajudados por participantes dos eventos, comportamento idêntico ao observado no congresso mundial de Castelgandolfo.

O congresso de 2003, que teve o tema *O agir econômico segundo os parâmetros da comunhão*, teve pontos em comum com o anterior, mas com uma platéia superior a 700 pessoas. A presença de políticos, pesquisadores e estrangeiros foi superior à do congresso de 2002. Muita gente, rostos novos e um clima afetuoso que compensou a baixa temperatura local. O esquema de depoimentos, filmes e apresentações artísticas foi mantido.

A palestra de Luiggino Bruni, da Universidade de Milão, deu o tom acadêmico ao encontro. Seus principais pontos foram:

- a EdC faz a economia voltar à sua vocação original, sem desertificar tudo o que toca, tal como ocorre no capitalismo atual;
- a resistência à globalização existe há mais de 200 anos;
- os pontos inerentes à EdC são o amor, a espiritualidade, a legalidade, o dar e a comunhão;

- sem uma nova cultura não se faz uma economia nova;
- EdC quer dizer toda a economia, e não só a empresa, é uma forma de viver.

Esse pesquisador também descreveu a idéia de "balanço invisível", relativo aos bens relacionais que produzimos e, ainda, à visão dos pobres como parceiros, membros do projeto, porque a pobreza se resolve com relacionamentos. Referindo-se ao balanço social, disse que na "Europa, tornou-se moda o balanço social, mas ainda é possível ver uma separação entre o econômico e a contabilização de comportamentos não-econômicos. Ainda não é possível identificar a noção de que este investimento, eu fiz pelo bem comum".

Entre os depoimentos de empresários, diversas passagens foram elucidativas quanto á filosofia de gestão adotada.

Um pequeno empresário do pólo Nordeste, proprietário da Lopiano Pizzas, enfatizou os seguintes pontos de sua gestão:

- nossa ênfase está nos relacionamentos, nos bens relacionais;
- temos de ouvir o cliente e dar algo mais;
- fazemos uma reunião mensal com os funcionários para passar os valores, e isso tem retorno;
- quando me vi tentado a sonegar impostos para poder enfrentar a concorrência, resolvi pagar o que podia, pagar as multas e resistir às insinuações para suborno de fiscais, e sei que fiz o certo.

Outro pequeno empresário do pólo nordestino, proprietário da Visótica, descreveu sua percepção sobre seus funcionários da seguinte maneira: "todos participam de tudo. Houve caso de empregado que recebeu de outra empresa proposta para ganhar mais e disse que agradecia, mas não ia porque (na nossa empresa) era tratado como gente". Mais adiante acrescentou: "valorizamos a mão-de-obra, pagando salários dignos, dividindo os lucros e sendo éticos. A empresa continua sendo uma empresa, mas o homem fica colocado em luz nesse projeto". E ao finalizar seu depoimento: "crescemos por causa dos princípios que regem a EdC, pelo sócio invisível. Ele estava ali".

Tais depoimentos são comumente interrompidos por aplausos, mostrando o grande caráter emulador do congresso para os participantes do projeto. Como confidenciou a chefe do escritório central de Vargem Grande Paulista, no congresso realizado em Castelgandolfo, "quando venho a um congresso sinto que voltei minha vida para o caminho certo, me sinto revigorada".

Nos intervalos, pelos corredores, alguns depoimentos também puderam ser tomados. O dono da Granja Piu Piu esclareceu, quanto as suas práticas de gestão, que "EdC não é cabide de empregos. Eu demito quando é necessário, pois viso a produtividade. Explico as razões e demito". E acrescentou: "existem problemas e conflitos, da mesma forma que eles acontecem em nossa casa entre marido e mulher ou entre pais e filhos. Mas isso se resolve com amor".

O termo "amor" é uma constante nos congressos de EdC, pois é tomado como uma meta de vida entre os participantes do projeto. O presidente da Espri, Rodolfo Leibholz, em sua palestra, deu sua visão sobre o tema ao afirmar que a base do relacionamento nas empresas de EdC é o amor, e não o egoísmo. Com isso o funcionário faz o máximo que pode, e não o mínimo que a lei manda. Afirmou que a produtividade de uma empresa de EdC é maior do que a de outra baseada no interesse próprio e no egoísmo. Deve haver amor entre colegas de trabalho, entre patrão e empregado, entre empresa e ambiente, entre a empresa e seus concorrentes. Ele acredita que não nascemos para o egoísmo, apesar de sermos condicionados para isso. Diz: "nós nascemos para o amor, seja na empresa, seja na família".

Essa afirmação de Leibholz nos remete novamente a Maturana (2001: 69), em sua biologia do conhecimento, quando afirma que "as relações humanas que não se baseiam na aceitação do outro como legítimo outro na convivência não são relações sociais". Nesse sentido as relações de trabalho e as hierárquicas não são relações sociais porque "se fundam na negação mútua implícita, na exigência de obediência e de concessão de poder que trazem consigo". Esse biólogo e um dos pais da teoria dos sistemas vivos, ou teoria da autopoiese, diz que os seres humanos não são todo o tempo seres sociais; só o são quando exercem a dinâmica da aceitação e do respeito mútuos, e é porque as relações de trabalho não são tratadas como relações sociais que existem as leis que as regulam (Maturana, 2001:71). Os conceitos de relações sociais, de ética e de aceitação do outro (amor) têm pontos comuns com as práticas buscadas em EdC e podem vir a constituir um futuro referencial teórico para a análise daquele projeto, depois que os esforços de transposição daquela teoria para o campo do humano/social tiverem avançado de forma mais significativa.

Leibholz também enfatizou o impacto dos bens relacionais nos negócios, tendo em vista que o mercado confia mais em empresas de EdC, pois a relação não é só baseada em um contrato. Para ratificar sua posição, apresentou estatísticas comparando a Femaq, metalúrgica de médio porte, fornecedora de peças fundidas para a indústria automobilística, que dirige com seu irmão Henrique, com as demais empresas do ramo. Sobre a necessidade de sindicatos, ele diz que "o sindicato só existe porque houve um rompimento nas relações entre patrão e empregado, porque não houve confiança. Essa cultura deve ir se transformando lentamente e o sindicato não será mais necessário".

Na Femaq, empresa incluída nesta obra e anteriormente estudada por Gonçalves e Leitão (2001), ocorreu um caso significativo quanto à ênfase dada pelo projeto aos bens relacionais. Um de seus funcionários, julgado e condenado a pena em penitenciária do estado, teve sua família amparada pela empresa e por funcionários durante os três anos em que lá permaneceu. Quando obteve liberdade condicional, foi readmitido pela empresa onde ainda trabalha "sem dar qualquer problema", diz Rodolfo.

Outros depoimentos, como o de Darlene Bonfim, sócia da Policlínica Ágape ("quando uma pessoa é atendida por esta clínica, percebe que quem a atende tem interesse nela, e não em seu dinheiro"), ou o da fundadora da La Tunica ("nossa empresa é pequena, mas as pessoas têm amor às vestes que produzem"), também enfatizaram o termo amor ao longo do congresso. O termo funciona como um mantra para agregar o grupo, reforçar os valores de comunhão e sinalizar a vinculação aos ideais do movimento por aquele que o pronuncia.

Outro termo permanente nos dois congressos nacionais – assim como no mundial – foi "relacionamento", que nos orientou para a teoria dos *stakeholders* como o suporte teórico disponível para o estudo de campo. Não existia uma "teoria do amor" ou "teoria da aceitação mútua" no âmbito dos estudos organizacionais que pudesse dar suporte a tal estudo. O que parece existir é o esforço para sua prática nessas empresas e que, de uma forma ou de outra, deveria aparecer na pesquisa a ser realizada. Certamente que esta observação pode chocar e parecer piegas à ortodoxia positivista, pois seu pretenso objetivismo descartaria qualquer possibilidade de algo vindo do campo do emocional. O amor é objeto de estudo da filosofia ou da religião; na ciência, só pode ser admitido no campo da psicologia, o que seria rejeitado no leito de Procusto em que foram enfiados os estudos sobre as organizações.

A Convenção Internacional de Economia de Comunhão, realizada em setembro de 2004, em Castelgandolfo, Roma, teve organização similar às nacionais do Brasil, seguindo, portanto, um padrão, só que, agora, com cerca de 750 pessoas presentes, com representações de 178 países, o que exigiu tradução simultânea para nove idiomas.

Nela os italianos dominaram as palestras sobre o tema EdC, particularmente no enfoque teórico – a Itália é responsável por quase 50% das dissertações e teses sobre EdC –, mas ocorreram depoimentos de empresários e pólos de todo o mundo. Entre os empresários foi marcante a presença de brasileiros devido a sua maior vivência no projeto – iniciado no Brasil em 1991 – e participação pioneira.

Nas abordagens teóricas das palestras, a presença de economistas e do enfoque econômico foi dominante, embora tal preocupação nos pareça prematura na fase atual do projeto, em que os problemas estão mais localizados na área da gestão, particularmente os relacionados a gestão de pessoas, liderança e cultura organizacional. Tais temas fizeram parte das reuniões de grupos temáticos, ou de grupos que falavam a mesma língua, para discutir problemas empresariais, como na reunião entre brasileiros, portugueses e representantes da África portuguesa. Mas sem maior possibilidade de aprofundamento, em face do tempo limitado de cada um e da pouca dinâmica das reuniões.

O ponto alto do Convegno Internationale, que teve como tema *Novos horizontes da economia de comunhão*, foi a presença física de Chiara Lubich. O impacto de sua presença foi facilmente percebido. Durante todo o tempo em que, lentamente, caminhou da entrada do grande auditório ao centro do palco, para seu discurso, a platéia de 750 participantes a aplaudiu de pé. O mesmo aconteceu em sua saída, em clima densamente emocional. Esta senhora octogenária, de cabeça totalmente branca, de olhar cândido, mas determinado, é a liderança incontestce do movimento e do projeto e um forte elemento de coesão e motivação para seus participantes. Ao ler seu texto, o silêncio na grande platéia foi absoluto, mas, ao falar de improviso, sua lógica oratória e seu vigor apaixonado transformaram a atenção em emoção, sentida pelo mais "objetivo" dos observadores.

É natural a preocupação dos integrantes mais ativos do Movimento dos Focolares e do Projeto de EdC em esquematizar previamente seu processo sucessório, como nos foi informado por integrantes do movimento no Rio de Janeiro, de forma a não possibilitar solução de continuidade no movimento em âmbito mundial. Tal sucessão vem sendo definida com a intervenção do Vaticano, onde o Movimento dos Focolares é reconhecido e apoiado desde 1962.

Às perguntas de empresários sobre questões práticas, suas respostas sempre se prendem a princípios gerais, que dão direção ao movimento, descritos em tom didático e, por vezes, messiânico. Por exemplo: "o empresário deve amar os que estão envolvidos com sua empresa, entre eles a concorrência e seus empregados"; ou "os lucros devem ser divididos em três partes: para os pobres, para formar a cultura da partilha e para investimento na própria empresa"; ou, ainda, "faça o que seu coração diz, pense na EdC". Com visão similar, entrando em uma religiosidade que não a separa do mundo dos negócios, ela responde a perguntas relacionadas à "lei da selva do mercado".

Em discursos, como em seus múltiplos textos sobre o Movimento das Focolares e o Projeto de EdC, Chiara os coloca como "obra de Deus", e não como obra humana, "fruto de uma árvore que tem raízes no Céu". Esta perspectiva mística tem, entre seus participantes, um poderoso elemento de integração e de motivação para enfrentar os problemas e fases difíceis do dia-a-dia do mercado. Constitui a fundação moral do projeto de EdC e seu grande diferenciador quando o comparamos às propostas substantivas da teoria dos *stakeholders*.

Em seu pronunciamento em Castelgandolfo, causou forte impressão entre os pesquisadores presentes sua proposta de que as mensagens dos evangelhos devem colorir a economia, a política, todas as ciências que estudam o ser humano. Pesquisadores têm uma formação acadêmica que separa radicalmente ciência de religião, e os esforços de integração têm sido extremamente limitados.

Algumas palestras forneceram informações sobre o projeto, que tem pouca infra-estrutura estatística disponível, como já observamos. As mais significativas estão no aumento do número de pobres regularmente atendidos no mundo para cerca de 11.400 em 2003; na contribuição majoritária das doações para as áreas de construção civil, saúde e educação; na ajuda financeira a diversas atividades comunitárias; ou, ainda, na expansão das escolas de EdC, criadas em 2001 para a formação de pessoas no ideário do projeto. Nessas escolas são discutidos temas como "amor aos inimigos" ou "colaboração com os concorrentes", que dão o "tom" de seu currículo escolar. Outra informação particularmente interessante foi a proposta sobre a criação de uma certificação de qualidade ligada à comunhão, ou seja, que considere os objetivos específicos de EdC, tomando-se como base o conceito de balanço social anteriormente aqui apresentado.

A importância da criação de pólos como provedores de infra-estrutura e apoio mútuo, nos termos de Chiara Lubich, expressões da vocação para a "cidade sobre o monte", em alusão aos evangelhos, foi outro ponto muito discutido na convenção. Isso não significa, todavia, que não haja apoio à instalação ou adesão de empresas fora de pólos, como já existem por todo o mundo. O pólo, contudo, é considerado uma estratégia de fortalecimento do projeto, dado seu caráter comunitário.

Encerrada a convenção, uma parte da delegação brasileira, composta por 51 pessoas, visitou o pólo Lionello no lugarejo chamado Loppiano, a 19 quilômetros de Florença. O pólo foi criado em 2001 e ainda se encontra em fase de expansão. Existem lá, espalhadas entre montes cheios de oliveiras, em uma paisagem natural privilegiada, quatro empresas e um centro internacional, onde foi apresentado o projeto de uma planta única, uma única construção de 5 mil m² para abrigar empresas industriais, artesanais e de serviços. O grande prédio terá um corredor de acesso para as unidades produtivas. Em setembro de 2004 existiam 12 empresas inscritas, que pagarão aluguel pelo uso de suas instalações. Tal concepção arquitetônica combina integração com máximo aproveitamento de terreno em uma região onde a terra é escassa por ser zona de proteção ambiental. O custo do projeto é de €5.500 mil, financiado por 5.600 sócios residentes em 1.600 cidades italianas, e a obra estava com conclusão prevista para o final de 2005. O centro administra a ampliação do pólo e dos lucros auferidos nesta e em outras atividades, dos quais 30% são destinados à assistência a indigentes, "pagando-se todos os impostos exigidos pela legislação italiana", segundo seu administrador.

As quatro empresas estudadas

La Tunica

Esta pequena empresa têxtil foi a primeira formalmente vinculada ao projeto de EdC no mundo. É uma empresa singular, pioneira, porque foi criada por focolarinas, sem maiores experiências empresariais, para atender ao chamado de Chiara Lubich, quando do lançamento mundial do projeto no Brasil, em 1991. Suas três sócias, que não se conheciam, juntaram suas capacitações em costura, contabilidade e captação de recursos e criaram a La Tunica para ser a primeira experiência de EdC em uma época em que os pólos ainda não existiam, apenas as mariápolis.

As sócias e os 14 funcionários, em sua maioria, estão vinculados ao Movimento dos Focolares e, das empresas estudadas, é nesta que o discurso contém maior teor religioso. E de tal forma que, por vezes, ficava difícil entender que se tratava de uma organização em moldes capitalistas, com atuação em um mercado altamente competitivo. O ambiente contrastava fortemente com os depoimentos de 14 empresários da Associação de Dirigentes Cristãos do Rio de Janeiro, que alegaram a uma pesquisadora não haver relação entre Deus e o mundo dos negócios (Gonçalves e Leitão, 2001).

Todos os funcionários sabem o que é EdC e as dirigentes se esforçam para divulgar os seus termos. Não foi por acaso que as palavras mais presentes nas entrevistas foram "relacionamento", "família" e "amor". Promovem-se orações diárias e leituras das "palavras da vida", enviadas pelo Movimento dos Focolares todos os meses. Além disso, são informados os eventos do movimento, estimulando-se a participação dos empregados, embora não haja qualquer obrigatoriedade.

A La Tunica fabrica roupas femininas, sóbrias, sem decotes acentuados, procurando "valorizar a mulher, sem deixá-la extravagante", segundo uma das sócias. As orientações da moda sempre são adaptadas à proposta de produtos da empresa.

Tem ponto-de-venda próprio perto da fábrica, em Vargem Grande Paulista, e também vende seus produtos para outras empresas do projeto de EdC. No momento da pesquisa, as sócias estavam negociando outro ponto-de-venda na capital paulistana. Utilizam também vendedoras atuando regionalmente e que cobrem o acesso a pequenas lojas.

O *layout* da fábrica é simples: um galpão onde se acomodam funcionários e pequeno estoque, além de três pequenas salas formadas por divisórias.

Os depoimentos de sócias e funcionários refletem a estrutura organizacional simples da empresa. Não há participação formal dos empregados no processo decisório, mas existe a preocupação das três sócias em passar-lhes a situação dos negócios, se há ou não dinheiro em caixa ou se foi possível fazer doações para o movimento. Os funcionários não têm participação formal na direção, nem foi observada a divulgação de balanços ou balancetes, mas o porte reduzido da empresa e a presença física das sócias ao lado das costureiras permitem a estas acompanhar os eventos cotidianos sem maior formalização.

Também não foi observado o uso de ferramentas de gestão do tipo indicadores de produção, gráficos, *balanced scorecard* ou orientações mercadológicas e estratégicas. O rumo da empresa vai sendo construído com determinação, mas pouca disponibilidade de técnicas mais elaboradas de gestão.

Uma de suas sócias, Maria Aparecida, que veio para Vargem Grande por causa do projeto e não é focolarina, mas apenas voluntária, afirma que a forma de trabalho na empresa não é passível de ser copiada, porque a EdC tem toda uma realidade própria baseada no ideal de viver o Evangelho, de querer bem ao próximo. Admite não ser fácil ser competitiva em preço e por causa das freqüentes práticas antiéticas da concorrência. Dificuldades com fornecedores existem quanto às práticas de "meia nota" fiscal, mas alega que, quando os fornecedores tomam maior contato com a empresa, ficam interessados e "procuram nos conhecer melhor".

Nos relacionamentos internos, afirma que a empresa nunca demitiu ninguém, apenas atrasa pagamentos dois ou três dias em momentos mais difíceis. Ela entende que os funcionários não estão ali apenas para ganhar dinheiro, mas também para ter a possibilidade de ajudar os pobres. É um fator motivacional que ajuda a identificação com a empresa: "nosso diferencial é o relacionamento e a motivação das pessoas". Foi de fato constatada elevada motivação para o trabalho nas outras empresas estudadas. E ela está associada ao tipo de relacionamento interpessoal desenvolvido, particularmente entre patrões e empregados. Mas o fator religioso, tão presente na La Tunica, não tem a mesma presença em todas as quatro. Existe, mas de forma mais dispersa. A vinculação à EdC também pode ser apontada por uns como fator motivacional, ou negada por outros. Mas a grande maioria concorda que o relacionamento patrão/empregado é diferente, ou seja, funcionários podem não associar a qualidade dos relacionamentos interpessoais à EdC em alguns casos, mas dominantemente admitem a diferença em relação às outras empresas em que trabalharam.

Quanto às possibilidades de expansão da La Tunica, d. Maria Aparecida acredita que a empresa deve crescer, mas sem sócios que visem apenas o lucro, "mantendo nossas crenças". A empresa tem se mantido sem necessidade de recursos de terceiros.

Os depoimentos dos funcionários confirmam o diferencial no relacionamento interno ou mesmo com clientes. Consideram que, na La Tunica, são tratados de forma diferente do que o foram em outras empresas. A gerente de vendas diz que "o fato de lá fora não ser tratada como igual como sou aqui" faz com que não pense em sair da empresa. A funcionária do corte, Silvia, diz que lá o salário é o mesmo, o trabalho é o mesmo, mas por ser uma empresa de EdC, as sócias não tratam os empregados como empregados. Diz que as donas são acessíveis aos problemas pessoais dos empregados: "não tem essa de saiu daqui acabou. Elas procuram ajudar a gente, mesmo que não seja no trabalho. Se tem alguém passando dificuldade, a gente ajuda, dá cesta básica, é como se fosse uma família".

Rogério, funcionário da informática e do financeiro, está há 10 anos na La Tunica e trabalhou em outras empresas que considerava éticas, "mas dá para ver que (aqui) é diferente", pois existe solidariedade, respeito à pessoa e liberdade. Rogério, como a gerente de vendas, acredita que os clientes também percebem a diferença no trato com a empresa. Diz a gerente Lucineide que a primeira compra é feita porque o cliente gosta do produto, mas na segunda ele já sabe o que tem por trás: "os clientes não mudam, são os mesmos". Rogério lembra que há clientes que não pagam e a empresa age com certa tolerância, mas com jeito consegue receber.

Nenhum dos funcionários entrevistados admitiu a possibilidade de deixar a empresa, talvez porque, como diz um deles, "o fato de ser da EdC motiva bastante os funcionários (...) tem muita gente querendo construir um mundo melhor, a gente gosta de saber que contribui para isso".

Dentro do protocolo de entrevistas, a questão relativa à possibilidade de uma grande empresa vir a se integrar ao projeto de EdC, os funcionários, assim como as sócias, consideraram essa hipótese perfeitamente viável. O porte não seria determinante no sucesso do projeto, entre outros motivos porque "não existe quantidade fixa de amor, ele cresce quando há mais gente para dividir".

As entrevistas com clientes da La Tunica também denunciam elementos de diferenciação. De um cliente/distribuidor, há dois anos com a empresa, selecionamos as seguintes passagens: "existe uma parceria, uma confiança, uma honestidade, é diferente de outras empresas. Eu fico tranqüila porque qualquer problema a gente sempre chega a um acordo (...) eu considero fundamental uma parceria assim (...) Há empresas que mandam mercadoria com defeito, a La Tunica, não (...) Não nos enrolam. Isso nos dá uma segurança imensa".

Essa cliente também percebe diferenças no relacionamento com a La Tunica, quando comparada a outras empresas, porque "eles não visam o lucro em si. Eles centram na pessoa, no cliente. Você se sente como centro. Não é como quem lhes dá um retorno econômico apenas (...) Os funcionários (da La Tunica) participam como se a empresa fosse deles, como se fossem os donos. Eu sinto uma alegria lá (...) eles vão além da coisa profissional". Ela rejeita a idéia de que a simpatia pelo movimento afete suas decisões, porque os compromissos e a competição no mercado a obrigam a ser profissional em suas compras, caso contrário não venderia.

Uma ex-sócia da La Tunica e atual compradora, Maria José, reconhece que o contexto da empresa leva os funcionários a trabalharem mais porque existe uma motivação por trás que não é apenas o dinheiro. Eles se comprometem mais e isso aumenta a produtividade. Lembra o caso de uma funcionária sindicalizada que não produzia e "fazia a cabeça das outras". Por ordem das sócias essa funcionária passou a trabalhar em casa, e quando o sindicato exigiu sua volta, ela foi bem acolhida, acabando por mudar seu comportamento. Mas, ressalva, "o amor não é bobo, nós procuramos fazer as coisas de uma forma clara e não deixando as pessoas se apoderarem", reconhecendo, todavia, que a grande dificuldade da experiência de EdC é largar o egoísmo.

Uma fornecedora da La Tunica, que desconhece o projeto de EdC, mas conhece as características operacionais da empresa, diz que tem com ela um relacionamento "intenso", que envolve amizade, e não apenas negócios. Percebe na empresa um ambiente familiar, de paz, e um contato agradável com funcionários e gerentes. Essa fornecedora, de nome Vera, lembra que nem todas as empresas para as quais fornece são éticas, a La Tunica é. "A honestidade deles me motiva", diz ela, "eles passam por dificuldades, mas continuam honestos", e conclui que se todas as empresas agissem como a La Tunica, as coisas seriam melhores.

Perfil da La Tunica

- Tamanho e forma de organização: pequena e centralizada, poucos níveis hierárquicos.
- Tipo de mercado onde atua: local, com pouca instabilidade; muitos competidores e fornecedores.
- Tipo de produto: produção em série de roupas; baixa complexidade.
- Proposta inicial e tempo de existência: surgiu para executar o projeto de EdC há 13 anos.
- Desempenho mercadológico: baixo.
- Características de sua sede: pequena, situada no pólo Spartaco.
- Base de influência do líder, de acordo com Motta (1991): a maioria das características se insere na perspectiva da "benevolência", com alguns itens de "corretagem de poder".
- Posicionamento do líder no *grid* gerencial de Blake e Mouton (1991): maior ênfase nas pessoas do que no desempenho.
- Características dos *stakeholders* internos: todos são religiosos, boa parte advém do Movimento dos Focolares.
- Características dos *stakeholders* externos: tanto pessoas físicas quanto pessoas jurídicas; os canais entrevistados são religiosos.
- Percepção dos *stakeholders* internos: empresa familiar que estimula a manutenção do vínculo empregatício.
- Percepção dos *stakeholders* externos: são honestos; percebem-se a paz e a harmonia entre eles.

- Papel dos relacionamentos: mistura vida pessoal e profissional; aumenta a produção e norteia a vida dos funcionários.
- Percepção dos donos quanto à vantagem competitiva: gera vantagem porque as pessoas trabalham mais e ficam mais satisfeitas.
- Percepção dos donos quanto ao crescimento da empresa: só se for mantido esse espírito.
- Ênfase observada nas quatro dimensões de EdC (segundo os donos): a ética é a mais importante.
- Exposição ao aspecto religioso: é a que apresenta a maior vinculação religiosa; todos os funcionários, clientes e fornecedores entrevistados são praticantes de alguma religião; boa parte dos funcionários pertence ao Movimento dos Focolares.
- Expressões e termos mais comuns ouvidos nas entrevistas: amor, providência, doar, família, alegria, motivação.
- Características distintivas: religiosidade exacerbada.
- Nível de profissionalização do corpo gerencial: baixo.
- Existência de representatividade de *stakeholders* no quadro dirigente: não identificada.
- Existência de mecanismos de gestão formalizados envolvendo *stakeholders* internos: não identificada.
- Preocupações ambientais manifestas: baixas.
- Conflitos internos: não identificados.
- Identificação de mecanismos voltados para a solução de conflitos: não há mecanismos formais.
- Presença diária dos líderes na empresa: integral, trabalhando lado a lado com os funcionários.
- Relações com o sindicato de trabalhadores: problemática.
- Relações com associações de classe: não identificadas.
- Percepção do pesquisador quanto à proximidade da EdC: total do ponto de vista religioso; parcial do ponto de vista de desempenho.
- Aspectos relativos a recursos humanos: não há benefícios adicionais.
- Relação entre desempenho da empresa e papel da Providência: total; o sucesso é a Providência.
- Percepção dos sócios quanto a aspectos políticos: baixa.
- Forma como a empresa vive o "dar" – prática do *homo donator*: total; dar é a razão da existência da empresa.

❑ Exemplos de rituais de socialização dos funcionários: leitura da palavra de vida; rezas freqüentes.

Femaq

A Fundição, Engenharia e Máquinas Ltda. (Femaq), situada em Piracicaba, São Paulo, fora do pólo de Vargem Grande Paulista, portanto, é a empresa considerada por observadores do projeto de EdC a mais ou, pelo menos, uma das mais avançadas no ideário do projeto. A circulação de pesquisadores pela empresa é da ordem de três por semana. Numa busca realizada em abril de 2004 no site <www.google.com.br>, com o nome Femaq, foram encontradas 294 entradas de todas as partes do mundo.

No site da empresa, <www.femaq.com.br>, está disponível uma relação de premiações recebidas por controle de dejetos industriais, preservação da natureza, controle de qualidade, além de diversas certificações internacionais, entre elas a ISO 9000. Os órgãos concessores no Brasil foram o Conselho Regional de Defesa do Meio Ambiente (Comdema), a Companhia de Tecnologia de Saneamento Ambiental de São Paulo (Cetesp) e a Fundação Getulio Vargas em São Paulo, por sua iniciativa de gestão. A vinculação da empresa com as questões de preservação ambiental aparece em citações de organizações "verdes" internacionais. Seus donos são freqüentemente convidados para conferir palestras em universidades, centros de pesquisa, órgãos públicos e privados, sobre a gestão diferenciada que praticam e sua preocupação socioambiental.

A empresa é especializada na fabricação customizada de peças fundidas especiais de grande porte e moldes de isopor, servindo a indústrias automobilísticas, de papel e celulose e outras. É fornecedora da General Motors e da Volkswagen, e exporta parte de sua produção para países da Europa, Ásia, além de Estados Unidos e África do Sul. Tinha 74 funcionários na época da pesquisa, além dos terceirizados, e faturava, em média, US$ 500 mil mensais. Esses dados são relevantes ante a estagnação do setor metalúrgico nos últimos 10 anos. Segundo a Associação Brasileira de Fundição (Abifa), o número de fundições se manteve constante desde 1986 (em torno de mil), com oscilações em torno de 5% (Abifa, 2004).

A Femaq foi fundada em 1966 pelo alemão Kurt Leibholz, pai dos atuais sócios Rodolfo e Henrique, que assumiram a empresa em 1972, tão logo se formaram engenheiros. O desempenho da empresa desde então vem superando bastante a média nacional e, mesmo nos períodos mais difíceis para o setor, manteve a produção crescente. Pelos dados da própria empresa, sua produção em 2000 foi de 90t/homen/ano, contra a média de 35t/homem/ano do Brasil, 66t/homem/ano nos Estados Unidos e 65t/homem/ano no Japão.

Em algumas áreas, seu mercado é bastante segmentado. Em outras, nem tanto. Existem, por exemplo, poucas empresas no Brasil produzindo os moldes de isopor. São grandes multinacionais, mas a empresa tem poder de barganha relativo diante de seus clientes por ter tecnologia de ponta patenteada. A estas áreas não tivemos acesso por proteção a seus segredos industriais.

A Femaq não opera com indústrias consideradas nocivas à saúde e à sociedade, como é o caso das indústrias bélicas e de cigarros, mesmo sendo freqüentemente assediada por compradores desses mercados. O elemento ético aí se impõe em detrimento de significativo aumento do faturamento.

A decisão dos dois irmãos de aderir ao projeto de economia de comunhão foi devida à preocupação de ambos com o estado das coisas no mundo. Podiam viver de renda a essa época, diz Rodolfo, mas preferiram correr riscos gerando mais riqueza e distribuindo-a nos moldes do projeto que se iniciava no Brasil e no mundo. Não estavam interessados em enriquecer, mas aprender a pôr em prática a colocação do homem como centro de tudo, o amor ao próximo como inspiração da gestão. Na época os dois irmãos se questionavam se o cristianismo podia ou não funcionar no âmbito dos negócios. Queriam uma resposta a esta questão transcendente.

A distribuição de lucros entre funcionários é uma prática da empresa que extrapola os três objetivos propostos por Chiara Lubich para o projeto de EdC. Todo mês é apresentado aos funcionários um balanço sobre a carteira de produtos e o dinheiro em caixa. Para Henrique Leibholz, "esta é uma forma de os funcionários saberem como a empresa está sendo gerida". Havendo lucro, ele é repartido de acordo com os parâmetros de desempenho previamente acertados com os empregados. Estes parâmetros estão numa cartilha de conhecimento comum. Se houver prejuízo, este será descontado de lucros futuros.

Isso é discutido em reuniões mensais, conduzidas por supervisores imediatos, onde também são apresentadas as perspectivas para o mês seguinte, para os funcionários saberem de antemão se deverá haver ou não distribuição de lucros. A cada seis meses é realizada uma reunião geral com os donos, na qual são apresentados os cenários econômicos do país e como a empresa neles se situa. Tal prática imprime um clima de transparência nas relações, funcionando como elemento de motivação e agregação.

As decisões também são compartilhadas. Os funcionários têm autorização para tomar decisões, na ausência das chefias, que podem ser acessadas a qualquer hora, por telefone, em caso de dúvida. Confirmado nos depoimentos, este fato qualifica a autonomia dos empregados da empresa em todos os níveis e também suas motivações.

Também foi muito citado nas entrevistas o fato de haver um acesso aberto dos funcionários à diretoria, "que não se esconde", mas convive com os funcionários no chão de fábrica todos os dias, como já havia assinalado o estudo de Gonçalves e Leitão (2001). Os diretores conhecem todos os funcionários e acompanham seus desempenhos, chegando inclusive a conhecer seus problemas pessoais. Mas, mesmo sendo caracterizados como "bonzinhos", os donos não hesitam em negar pedidos considerados inadequados.

Os diretores demonstram também grande preocupação em não demitir "mesmo quando a carteira está baixa", preferindo utilizar recursos que preservem o emprego, como as férias antecipadas. Só nas situações de crise aguda as demissões foram utilizadas.

O espaço da empresa favorece a integração, pois é plano e aberto. A sede ocupa um grande quarteirão, onde ficam o prédio da produção, uma parte do estoque e a administração central. Próximo, está uma área que abriga o refeitório e um centro de lazer: a chácara. Um muro construído com material reciclado circunda toda a área, uma técnica própria que levou a empresa a uma outra área de negócios.

O ambiente na Femaq é rústico, como o de todas as fábricas, e envolve algum desconforto pelas altas temperaturas dos fornos na fabricação, mas é limpo e o clima organizacional é descontraído. Ali o sorriso é fácil, fato recorrente, aliás, nas empresas ligadas ao projeto e que foi citado no convênio internacional de Castelgandolfo como uma característica marcante do movimento, referência que, naturalmente, provocou mais sorrisos. No escritório, as salas de reuniões têm bandeiras nacionais, que também estão estampadas nas mangas das camisas dos operários.

A Femaq não é um exemplo de empresa que enfrentou dificuldades para se ajustar à filosofia de EdC (Gonçalves e Leitão, 2001). O pai de Henrique e Rodolfo Leibholz já imprimira à empresa um clima de bom relacionamento com os empregados e prática de benefícios. Isso foi continuado pelos dois filhos, por isso, quando se vincularam ao projeto, não encontraram dificuldades, mas "estranhamentos", diz Henrique. A filosofia de EdC vai contra a cultura vigente e o pessoal estranhou, embora nunca tenham feito uma oposição muito dura. Os funcionários, tanto quanto os gerentes, constituem elementos de resistência à nova cultura da partilha. O ajustamento ao projeto foi uma evolução da empresa de acordo com aquilo que eles pensavam, "sem estresse".

Mais do que o ajustamento cultural, a gestão ética pode ser considerada uma importante dificuldade nos primeiros anos de prática. Mas acabou por se transformar em vantagem competitiva, porque confere mais credibilidade à marca Femaq. Sem entrar em práticas desleais, a empresa atraiu "um monte de clientes", diz Henrique, enquanto "concorrentes nossos, que usavam outro tipo de postura, acabaram sem futuro". Ele acredita que a adesão às propostas da sua empresa, por outras, é a tendência para uma conduta cada vez mais ética, uma tendência para resistir às pressões do meio e a procedimentos que, no íntimo, as pessoas não gostam.

A empresa adota tal procedimento mesmo com as grandes empresas multinacionais, que enfatizam o custo e têm como objetivo "maximizar seu próprio lucro, deixando os fornecedores no limite da sobrevivência". O entrevistado considera que uma empresa de EdC deve ser mais competitiva que as demais, ter produtos melhores e custos mais baixos, para enfrentar a luta com empresas muito maiores, porque é "uma briga feia". A filosofia da empresa é ver os concorrentes como empresas complementares e construir um relacionamento que pode envolver ajuda mútua e busca de espaço para todos no mercado, ao invés da tradicional confrontação de forças.

Ocorrem vantagens internas e externas no ser EdC. Henrique considera o relacionamento com o sindicato ótimo, embora isso tenha requerido anos de prática para se chegar ao estado de mútua confiança. A empresa tem sido citada como exemplo para outras e recebe visitas de empresários de toda parte, embora nem todos se entusiasmem com a idéia. Internamente, "você vê que os funcionários gostam porque o ambiente é bom, o salário é acima da média de mercado, não porque a empresa pertence à EdC, embora isso venha da EdC. É motivador". O ambiente vem do ideário da EdC posto em prática, como, por exemplo, o respeito às pessoas e os canais de participação em tudo que se faz na gestão operacional e estratégica da empresa. Ele acredita também que a motivação acaba por facilitar o processo de criatividade, inclusive para corte de custos. A cultura da partilha, como é chamada no Movimento dos Focolares, confere elevado grau de liberdade, segundo esse entrevistado.

Mas para se chegar a isso não existe nenhuma "catequização", sendo variado o grau de adesão às práticas do projeto. A maioria dos funcionários é católica ou evangélica, mas isso não é institucionalizado, não faz parte da política de contratação de pessoal. Henrique não tem como afirmar se existe relacionamento entre o clima de trabalho e a religiosidade.

Na mudança cultural para EdC, o papel das lideranças é fundamental. São elas que têm de começar o processo. O projeto confere princípios, visão filosófica, mas é o empresário quem vivencia sua prática, sem preocupações com a formalização de teorias, que é função da universidade. Na sua perspectiva, Henrique acredita que a experiência com EdC pode acrescentar algo a mais à teoria organizacional. Nessa prática, as pessoas ficam mais satisfeitas, sem preocupações puramente utilitaristas, ou com o olhar apenas para o custo-benefício. A motivação buscada através de técnicas como círculos de controle de qualidade (CCQs) ou *kanban* não realiza a pessoa e serve apenas para aumentar lucros. O empresário paulista acredita que, quando existe uma preocupação verdadeira com a pessoa, os funcionários dão algo a mais, porque o trabalho é fonte de realização pessoal. O jogo passaria a ser de ganha-ganha, ao invés do perde-ganha do tradicional conflito entre capital e trabalho.

Na prática do projeto, as dimensões propostas por Chiara Lubich precisam ser equilibradas, "pois tem de haver harmonia entre todas elas", esclarece. Se qualquer uma falhar, a experiência fica incompleta. Trabalha-se com princípios fundamentais que têm de ser respeitados, considerando-se a premissa básica da liberdade, e não podem ser instrumentalizados, o que levaria a uma descaracterização da EdC. A observância desse equilíbrio acaba por levar a práticas éticas de relacionamento e ao desenvolvimento de produtos de qualidade, tecnicamente evoluídos, o que atrai clientes, pois "aqui estamos sempre correndo atrás de melhorias".

O irmão Rodolfo Leibholz, presidente da Femaq e da Espri, esclarece que ainda não há no Movimento dos Focolares ou no projeto de EdC nenhum mecanismo para evitar a adesão de aventureiros. Isso porque, dentro do princípio da liberdade, não existem regras, e sim princípios, o que diferencia a preocupação com o que é legal da com o que é ético. O que os orienta são princípios como o do bem comum, do amor recíproco, da busca da ação na unidade. O tipo de administração da Femaq, como das demais empresas do projeto, deve ser "uma coisa viva". Os princípios da vida estão ali e, se entra um corpo estranho, é naturalmente expulso, diz ele, assumindo-se uma postura naturalista para a gestão da empresa.

Voltando à questão teórica, Rodolfo afirma que os princípios ensinados nos cursos de administração de empresas são incompletos. Tanto o ensino da administração quanto o da economia não incluem os bens relacionais nem a valorização do homem. Só se fala em lucro, uma postura que considera cultural e que não permite resolver a desigualdade social vigente. Em sua perspectiva, o projeto de EdC estaria colocando valores na administração de empresas que são da natureza humana: bens relacionais e satisfação.

A visão do presidente da Femaq no que se refere à relação empresa/ambiente também foge à visão dominante no ensino da administração de empresas. Diz ele: "Nós não interagimos com o ambiente. Nós somos o meio ambiente". Essa perspectiva do empresário é compatível com a da biologia do conhecimento, que integra seres vivos e ambiente de forma inseparável. Ele considera que tal integração é mais do que simplesmente respeitar o ambiente, pois entende que "o ambiente está dentro de nós". E compara com o ideário de EdC, quando este propugna que o pobre é um de nós, e não alguém distante de nós. A base da lógica construcionista de Rodolfo é que o equilíbrio empresa/ambiente só pode ser alcançado pela ação das pessoas, porque elas é que são capazes de promover o equilíbrio. Mas se são apenas educadas para obterem lucros, explorando sem limites os recursos ambientais, tal educação tem de mudar. Mudando-se a escola e a empresa, muda-se a economia, conclui.

A visão dos gerentes e de outros funcionários da Femaq, embora menos elaborada do que a de seus diretores, também nos ajuda a caracterizar a empresa em sua prática de EdC. O que se segue são fragmentos de seus depoimentos e um esforço de síntese para definir suas posições com relação à empresa.

Tais posições são expressas através de características diferenciadoras da Femaq em relação a outras empresas onde trabalharam ou, se não a diferenciam, são pelo menos fatores considerados positivos para o trabalho, os quais podem ser grupados em temas como:

- autonomia com responsabilidade;
- ajuda pessoal (inclusive financeira);
- reconhecimento dos esforços pessoais;
- relacionamento afetivo patrão/empregado, com proximidade entre diretoria e chão de fábrica;
- imagem favorável do projeto EdC para o empregado;
- ser tratado como pessoa (e não como um número);
- abertura às informações de desempenho, inclusive contábil-financeiro;
- imagem de uma direção que "joga limpo";
- comprometimento do funcionário com a organização (comunhão entre empregado e empresa);

- sentimento de inserção social (ecologia e ajuda à pobreza);
- prioridade para o homem, e não para o dinheiro;
- estabilidade no trabalho (acompanhada do desejo de não deixar a empresa);
- dar responsabilidade ao trabalhador aumenta a produtividade;
- porte de empresa que facilita a interação entre os funcionários e o controle de qualidade;
- administração participativa (participação nas decisões operacionais e acompanhamento das estratégias);
- abertura para o exercício da criatividade;
- remuneração compensadora;
- falta de hierarquia rígida (sem divisão entre produção, escritório e direção);
- cultura que reflete a mentalidade dos diretores (Rodolfo e Henrique);
- ambiente de trabalho agradável;
- os relacionamentos interpessoais têm diferencial de qualidade;
- imagem positiva da empresa entre clientes e fornecedores;
- motivação elevada para o trabalho;
- empresa onde as pessoas (que estão fora) querem trabalhar.

Os depoimentos (entrevistas em profundidade) foram prestados por dois gerentes e oito funcionários da administração e da produção com tempo de empresa que variava de sete a 30 anos. Os funcionários, já adaptados à cultura organizacional vigente, tinham boa percepção dos objetivos da diretoria e de suas práticas, e talvez por isso dificilmente tenham sido feitas críticas à organização. Em outro estudo já citado (Gonçalves e Leitão, 2001), ficou evidenciado que as dificuldades na área do pessoal vinham dos empregados novos, que desconfiavam do discurso vigente na empresa, ante seus condicionamentos no tradicional conflito entre os interesses do capital e do trabalho. Como já dissemos, quando o capital muda, o trabalho desconfia.

Nas poucas oportunidades em que problemas foram lembrados, as referências foram para a necessidade de mais profissionalização, visto que a empresa é familiar e adota alguns procedimentos típicos desse tipo de empresa; a ocorrência de um boicote para aumento salarial; e a existência de funcionários que por vezes "passam do limite", quando pretendem obter benefícios pessoais da empresa. Quando perguntados se aceitariam uma oferta de outra empresa, com melhor salário, apenas dois responderam que parariam para pensar. Mas ainda assim um ressalvou que não valia, às vezes, ganhar mais para ser maltratado. Embora sem números precisos, os indícios coletados, neste e no outro estudo citado, são de que o *turn over* de pessoal é muito baixo na Femaq.

Nos depoimentos de clientes e fornecedores, os elementos considerados característicos nos relacionamentos comerciais estabelecidos em períodos que variam de quatro a 30 anos foram:

- saber ou não que a empresa é ligada à EdC não influencia os negócios;
- a qualidade dos produtos da empresa pode ser a mesma, mas nenhum outro fornecedor é melhor parceiro que a Femaq;
- a empresa fornece ajuda técnica e financeira aos clientes;
- há uma relação com os diretores (Rodolfo e Henrique) que transcende o nível dos negócios;
- podem ocorrer problemas com prazos, mas a Femaq tem crédito porque não pensa apenas na parte financeira;
- há transferência de tecnologia com clientes;
- divide pedidos grandes com outras fundições;
- o atendimento é sempre bom, não há problemas de comunicação;
- há mais confiança nela do que em outros fornecedores porque é sempre ética;
- a empresa não permite que clientes ou fornecedores visitem as fábricas, todos os contatos são feitos nas salas de reunião;
- a empresa procura desenvolver novas técnicas e está sempre aberta a novidades.

Em suma, as opiniões dos outros *stakeholders* são sempre simpáticas à empresa, inclusive a de um representante da Abifa, órgão de classe do setor que tem tido referências favoráveis, enfatizando o fato de a fundição ter resolvido um dos maiores problemas da indústria, que é a reciclagem da areia utilizada nos moldes. Entre as empresas aqui estudadas, a Femaq é a única que inclui sistematicamente a preocupação com o meio ambiente em suas práticas cotidianas, além de ser a que mantém maior equilíbrio entre os princípios de EdC. Mas deve ser lembrado que, em seus mais de 40 anos de existência, a empresa vinha pondo em prática alguns desses princípios antes de ingressar no projeto. Houve um mais fácil ajustamento entre o ideário pregado por Chiara Lubich e as crenças da família Leibholz. Provavelmente isso explica seu avanço em relação a outras empresas que participam do projeto de Edc.

Perfil da Femaq

- Tamanho e forma da organização: média e centralizada; quatro níveis hierárquicos.
- Tipo de mercado onde atua: global, com muita instabilidade; poucos competidores e fornecedores; possui escritórios em outras cidades.
- Tipo de produto: produção individualizada, alta tecnologia.
- Proposta inicial e tempo de existência: produzir com novos valores; mais de 40 anos.
- Desempenho mercadológico: alto.
- Características da sede: ampla; padrão fabril comum.
- Base de influência do líder: "corretagem de poder".
- Posicionamento do líder no *grid* gerencial de Blake e Mouton (1991): ênfase equilibrada em pessoas e desempenho.
- Características dos *stakeholders* internos: boa parte é religiosa; alguns são do Movimento dos Focolares.
- Características dos *stakeholders* externos: apenas pessoas jurídicas; alguns são religiosos, o que não influi na decisão de compra.
- Percepção dos *stakeholders* internos: vista como uma empresa superior às outras; as pessoas resistem a sair.
- Percepção dos *stakeholders* externos: empresa acima da média, inovadora e que respeita a todos.
- Papel dos relacionamentos: aumenta a liberdade e a troca de informações; donos acessíveis aos funcionários.
- Percepção dos donos quanto à vantagem competitiva da EdC: gera vantagem porque as pessoas gostam de ser bem tratadas e a responsabilidade aumenta o comprometimento.
- Percepção dos donos quanto ao crescimento de sua empresa: é possível crescer e manter o referencial da EdC, mas vai demorar mais para que todos sintam a diferença.
- Ênfase observada nas quatro dimensões da EdC (segundo os donos): tem de haver equilíbrio.
- Exposição ao aspecto religioso: existem funcionários vinculados ao movimento e outros, igualmente religiosos, não-vinculados.
- Expressões e termos mais comuns ouvidos nas entrevistas: meio ambiente; desempenho; confiança; "todos gostam deles"; liberdade; criatividade.
- Características distintivas: desempenho empresarial e reconhecimento social.

- Nível de profissionalização dos gerentes: alto.
- Existência de *stakeholders* no quadro dirigente da empresa: não identificada.
- Existência de mecanismos de gestão formalizados envolvendo *stakeholders* internos: apresentação de balanços mensais e semestrais; decisões operacionais coletivas.
- Manifestação com preocupações ambientais: alta.
- Identificação de conflitos internos: existem alguns, tratados diretamente com os donos.
- Identificação de mecanismos para solução de conflitos: a chefia chama e conversa.
- Presença física diária dos líderes na empresa: muito grande; circulam e cumprimentam os funcionários com freqüência.
- Relação com o sindicato: excelente.
- Relação com a associação de classe: excelente; vista com admiração.
- Percepção do pesquisador quanto à proximidade com EdC: equilibra alto desempenho com padrões de EdC.
- Aspectos relativos a recursos humanos: alimentação subsidiada, participação nos lucros, empréstimos para moradia; empréstimos sociais sem juros; seguros de vida em grupo; descontos para medicamentos.
- Relação entre desempenho da empresa e Providência: média.
- Percepção dos sócios quanto a aspectos políticos: alta.
- Forma como a empresa vive o "dar" – prática do *homo donator*: dar com responsabilidade.
- Exemplos de rituais de socialização: reuniões opcionais sobre o movimento.

Prodiet

A Prodiet é uma empresa curitibana de distribuição de medicamentos fundada há 15 anos, sendo, portanto, anterior ao lançamento do projeto, em 1991. O objetivo de Armando Tortelli, seu proprietário, era apenas manter sua família. Hoje, é uma empresa de médio porte operada por 90 funcionários, além de representantes atendendo a mais de 500 clientes ativos no Paraná, com filiais em Brasília, São Paulo e no pólo Spartaco. Faturava por mês, em 1991, US$ 80 mil. Dez anos depois da filiação ao projeto passou a US$ 500 mil.

O mercado no qual atua é bastante competitivo: lida com grandes indústrias farmacêuticas, por um lado, grandes compradores, por outro, em concorrência de nível nacional. A inadimplência nesse mercado é alta e na Prodiet alcança 5%, superior a sua margem de lucro, que é de 4%. E tal condição dificulta a implantação, em bases fixas, de um programa de participação nos lucros.

O mercado de distribuição de medicamentos é comoditizado e enfatiza custos. O fato de a empresa participar de licitações, nos diversos níveis de governo, aumenta a pressão por redução de custos. Mas esta situação é mais difícil no fornecimento a clínicas e hospitais privados, que sofrem limitações impostas por convênios. Hospitais não sobrevivem sem convênios, e são estes que têm o poder de barganha na definição de preço. Tal desvantagem os hospitais repassam para os fornecedores, como no caso da Prodiet, forçando-os a adotar margens pequenas e inviabilizando os esforços para diferenciação. As práticas desleais de competição, como sonegação de impostos e propinas, também são comuns.

A empresa segue a tendência do mercado para a especialização, que reduz os custos de atuação, ao procurar parcerias entre a empresa e os fornecedores, e tem uma preocupação constante com o aumento da eficiência.

Tais condições de mercado e preocupações com os custos levam a Prodiet a disponibilizar aos funcionários poucos benefícios, os quais restringem-se a alimentação, com o custo de R$ 1 por mês e a cobertura de 80% do custo de um plano de saúde. Não há um processo claro de ajuda financeira aos estudos: alguns recebem, outros não. Os salários seguem a média do mercado.

Existem algumas distorções nos processos de contratações e demissões de funcionários nesta empresa tipicamente familiar, mas as demissões são raras, existindo funcionários da época de sua fundação. O dono, Armando, é conhecido como um "paizão".

O caráter familiar enfatiza os fortes laços relacionais existentes na empresa, mas afrouxa certas regras formais, admitindo-se certa indulgência. Assim, empréstimos e facilidades diversas tornam-se freqüentes, criando problemas com o controle de custos. Nas entrevistas houve referências a funcionários acostumados a benefícios recebidos, mesmo indevidos, que reagiram quando estes foram retirados. Tal comportamento não representa a essência de EdC, segundo o proprietário, mas ocorre.

Nessa empresa pode-se contrapor a visão favorável do dono e de alguns gerentes entrevistados, quanto à empresa e sua participação no projeto de EdC, à argumentação de alguns funcionários em termos de que "as coisas já não são mais como antes". Aparentemente algumas pessoas se sentem prejudicadas quando a empresa caminha para a profissionalização e para maior formalização de papéis e tarefas. As imagens de "uma família unida" e de "um paizão provedor de segurança" podem agora ser questionadas e dar espaço a conflitos antes impensáveis.

O clima emocional também é afável e o sorriso – freqüente nas empresas do projeto –, constante. O *layout* é moderno, amplo e aberto, facilitando a comunicação intensa. No escritório do segundo andar, trabalham em baias baixas e abertas, no meio dos funcionários, os donos e seus parentes, embora haja uma sala reservada para assuntos confidenciais.

Das quase 30 horas de entrevistas realizadas na Prodiet, selecionamos algumas passagens mais significativas.

A maior dificuldade para transformá-la numa empresa de EdC, segundo seu proprietário, Armando Tortelli, foi institucionalizar a nova cultura. O conjunto de valores nos quais o dono do capital acredita e quer concretizar na prática exige a aderência das pessoas, o que leva tempo. Acredita que hoje a cultura da partilha frutificou na empresa com a ajuda da permanência mais longa das pessoas nos seus cargos e a maior preocupação com a comunicação interna. "Eu faço reuniões de seis em seis meses, nas quais conto para os mais novos os valores da EdC, as razões de a empresa nascer, minha história, a importância de gerar empregos etc. Nosso objetivo é passar os valores, mais do que falar propriamente de EdC".

A partilha do lucro é considerada um diferencial em relação às outras empresas. Embora exija cuidados, é fácil de se fazer, diz o proprietário: é importante que o funcionário saiba para onde vai o dinheiro da empresa. Outra diferenciação é que uma empresa de EdC trabalha com objetivos de longo prazo, o que é relevante para fugir às propinas, à sonegação e a outras práticas antiéticas. Cria-se um ambiente, segundo ele, em que o grupo interno passa a ser um vendedor da imagem externa. É o pessoal de campo, através de suas atitudes, que passa os valores da empresa e cria um relacionamento duradouro com clientes e fornecedores.

Após quase 11 anos de experiência com essa filosofia de negócios, Armando pode assegurar que a EdC dá vantagem competitiva. E "não é possível instrumentalizar esse conceito". A EdC exige que os proprietários interiorizem seus valores, inclusive porque quem não acredita em justiça social não pode aceitar a idéia de dividir lucros. As pessoas se motivam porque acreditam na causa, "nós não teríamos como instrumentalizar as idéias de EdC para benefício próprio, pois nosso ideal, da EdC, é muito maior do que o lucro", diz ele.

Para esse empresário, o funcionário tem um papel importante na geração de vantagem competitiva. A fidelização e a parceria com os funcionários se expressam na permanência destes na empresa. Eles se mostram temerosos em abandonar a empresa, deixando para trás o clima favorável ao trabalho que encontram ali. Armando observa que poucos ingressam na empresa se sentindo bem em termos psicológicos. A maioria chega angustiada e se sentindo explorada nas experiências passadas, o que significa que a relação patrão/empregado continua problemática. Para ele, a prática nas empresas tem sido instrumentalizar o homem, tratá-lo como ferramenta, ao passo que, na visão da EdC, a preocupação é colocá-lo no centro das relações.

A motivação para o trabalho é decorrente da forma como os funcionários são tratados na empresa. Não há, todavia, uma preocupação em motivar, em manipular instrumentos motivacionais para obter aumento de produtividade. Segundo a experiência de Armando, a motivação em EdC ocorre naturalmente. A estrutura cognitiva em que o funcionário está mergulhado é que o motiva. Para ele, a motivação em EdC é fim, e não meio: a riqueza de uma empresa de EdC é "considerar seu patrimônio social e humano, o que nem sempre ocorre na empresa comum".

A presença da qualidade dos relacionamentos aparece diversas vezes no depoimento desse empresário paranaense, o que, no projeto, é chamado de "bens relacionais". Seu desafio é fazer com que os funcionários dialoguem com a direção o tempo todo, o que ele chama de "realidade da proximidade". E acha que isso seria possível mesmo se a empresa fosse muito maior.

Na sua visão de mercado, acredita que "o mundo grita por justiça e por valores corretos, pela ética e pela transparência". Se existem as empresas "indisciplinadas", há também uma ampla gama das que buscam parceiros sérios. Nessa perspectiva, o econômico não se separa do social e do moral. E a religião é parte disso. Admite que o que sustenta os ideais de EdC é a religiosidade, mas tem encontrado reações muito positivas em pessoas não-religiosas, preocupadas com uma sociedade mais justa e, nesse sentido, EdC independe da religião.

Conclui afirmando que para se viabilizar uma empresa de EdC é preciso mudar a mentalidade existente no mercado. É necessário modificar o homem para depois mudar suas atitudes e, então, a economia. A EdC pode ser um caminho para a redução das desigualdades. Ela é, hoje, uma "célula sadia" da sociedade humana, e se hoje é pequena, amanhã poderá vir a influenciar a economia.

Ao discurso coeso do proprietário em relação ao ideário do projeto de economia de comunhão se contrapõem discrepâncias nos discursos dos funcionários. Embora haja relativa proximidade nesses discursos, houve aqui maior oscilação do que nas outras quatro empresas pesquisadas, principalmente se não forem considerados os médicos da Policlínica Ágape. Deve-se frisar, no entanto, que o fato merece registro por se tratar de uma empresa de EdC, em relação à qual se tem elevada expectativa quanto à qualidade dos relacionamentos interpessoais. Em uma empresa tradicional, o nível de ruído existente seria praticamente inaudível.

Para simplificar, relacionamos os temas emergentes, conforme expressos pelos entrevistados, por vezes em suas próprias palavras, que definem suas visões com relação à empresa e à sua vinculação ao projeto de EdC.

- O diferencial na Prodiet está na forma de administrar os problemas, porque "aqui não há diferença entre o discurso e a prática". Também é um grande diferencial "a doação de lucros para quem você nem conhece". O gerente que manifestou tal opinião alega que não deixaria a empresa para receber um salário maior.
- Há muita liberdade de expressão, pode-se acessar um supervisor com facilidade, embora, há seis anos, quando a empresa era menor, podia-se ir direto ao proprietário, o Armando. Na comparação com grandes empresas onde os depoentes trabalharam, inclusive multinacionais, a liberdade maior e o clima organizacional a isso relacionado são apontados como grandes diferenciais.
- Doar dinheiro para os pobres não ajuda nem atrapalha a empresa.
- Uma vez por mês, na hora do almoço, há uma reunião da qual participa quem quer: "é um momento gostoso, onde há integração".
- A empresa não reduz custos cortando pessoal: busca outras alternativas, e isso dá certa segurança aos funcionários.
- É motivador saber que a empresa tem responsabilidade social, é bom saber que ela tem outras finalidades que não apenas o lucro, mas a funcionária que disse isso trocaria de emprego se recebesse mais ou tivesse um cargo melhor.
- Em relação às outras empresas em que trabalhou, uma funcionária admite que a Prodiet dá mais segurança, mas em termos de relacionamento humano não difere muito. A empresa é uma família, o indivíduo não é tratado como um número, mas, apesar disso, ela se diz uma profissional e, se recebesse uma proposta, poderia sair. Quanto ao fato de a empresa pertencer à EdC, acha que isso não influencia seu trabalho.
- Com o crescimento há uma significativa mudança em andamento, em que se contrapõe a família à burocratização, o que leva à resistência de alguns fun-

cionários e a reclamações que não chegam ao dono, mas ao setor de recursos humanos. Todavia uma funcionária diz que o clima da empresa é diferente, pois não há "fofoca", e que se pode entrar na sala dos donos a hora que se quer. As implicações do crescimento da empresa para a qualidade dos relacionamentos internos tiveram posições contraditórias. A mudança é notada, por vezes como boa, por vezes nem tanto. Alguns se referem a tempos melhores.

- A EdC faz diferença porque os donos têm uma outra realidade a partilhar. Vários funcionários e gerentes concordam com isso, mas também se observou que "essa coisa de EdC às vezes 'pega'", porque alguns pensam que deve ser só sorriso e numa empresa "às vezes tem de se ser firme".
- O clima familiar implantado pelos donos e sua disponibilidade levaram alguns funcionários a cometer abusos, contraindo dívidas para pedir ajuda, ou pressionando para que a ajuda financeira fosse permanente; mas foram estabelecidos limites, demissões ocorreram e o atendimento agora é só para os que passam reais necessidades em casa. "A empresa é familiar, mas demite, porque precisa ser competitiva".
- Pessoas que "não entram em sintonia com a empresa" são demitidas, e as que "se encostam" são expelidas pelos próprios funcionários.
- Alguns funcionários (não os gerentes) pensam que a doação de parte dos lucros para os pobres é ruim porque reduz o dinheiro para os benefícios, que poderiam ser maiores. Alguns também não percebem critérios claros na distribuição dos lucros.
- Um funcionário de compras alega que a EdC tem a ver com seu procedimento ético.
- O vínculo com a religião cristã de alguns funcionários aumenta o grau de satisfação com a empresa, podendo ocorrer referências aos evangelhos para justificar ações da Prodiet.
- A situação de uma empresa de EdC é vista como muito difícil porque suas dificuldades são dobradas. Além das questões inerentes aos próprios negócios, é necessário perseverar em não aderir a práticas desleais.
- O termo "providência divina" apareceu uma vez sob o argumento de que (ela) ajuda, mas não impede que tenha de se trabalhar "pesado".
- Um gerente que conhece a empresa desde o tempo em que foi seu fornecedor alega que ela é diferente por causa do jeito de ser de seu proprietário, "que poderia ser rico, mas anda num carro modelo 96" e que almoça e janta com seu jardineiro, em casa, na mesma mesa. Algo similar foi dito sobre os diretores da Femaq por um operário daquela empresa.

- No setor de transporte, lembrando que se trata de uma empresa de distribuição, o corte de custos é uma preocupação constante, mas também aí, segundo seu gerente, existe o cuidado de preservar o emprego de seus funcionários.
- Há casos de funcionários que saíram da organização, mas tentaram (por vezes conseguiram) voltar depois.
- Os proprietários podem ouvir a opinião de funcionários em deliberações de natureza estratégica, como no caso da decisão de parceria da empresa com uma multinacional, que acabou abandonada.

Esses depoimentos envolveram funcionários que trabalham com a Prodiet de seis meses a 10 anos, e a maioria admitiu estar na qualidade dos relacionamentos o grande diferencial com relação a outras empresas em que já trabalhara. Dos 10 entrevistados, apenas um não atribuiu importância maior em relação à empresa que trabalhou anteriormente e três apontaram mudanças com o crescimento da empresa.

Os demais *stakeholders* também notaram diferenças nas relações com a Prodiet, mas de forma mais coesa. Os pontos mais significativos em seus depoimentos foram:

- alguns ouviram falar do projeto de EdC, outros não, mas ninguém o conhece a fundo;
- no depoimento de um fornecedor há expressões como "a gente sempre comenta que ela (a Prodiet) é diferente. Há preocupação com o ambiente de trabalho, com a integração dos funcionários (...) a gente vê pessoas satisfeitas trabalhando (...) eles não estão só cumprindo tarefas, parecem estar compromissados com o crescimento da empresa. Isto é evidente desde a recepcionista até o dono (...) eles têm um padrão de comportamento". O depoimento do vendedor de um laboratório contém expressões similares, como "eles trabalham num ambiente muito agradável (...) a gente vê as pessoas felizes, contentes (...) sempre me senti querido, respeitado (...) eu gosto de vir à Prodiet";
- foram assinaladas boas referências sobre a empresa, fornecidas por colegas ou concorrentes dos entrevistados. Estes alegam não ter ouvido comentários ruins, do tipo "não trabalho mais com eles", ou "tive uma decepção" em relação à Prodiet;
- os problemas existentes com fornecedores e clientes existem, mas são tratados abertamente, com transparência. Diz um fornecedor: "eles são um modelo de parceiro comercial (...) aprendemos muito com esse tipo de relacionamento";

- fornecedores e clientes percebem que a Prodiet tem um comprometimento com a "parte social", embora seja uma empresa capitalista que visa o lucro. E entendem que "está dando certo, porque ele (o proprietário) tem tido sucesso";
- os proprietários Armando e Roseli, sua mulher, são vistos como pessoas que dão retorno de parte do sucesso obtido para a sociedade;
- a empresa tem muito boa imagem na "praça" de Curitiba;
- os clientes falam de um processo de confiança mútua que vai desde a troca imediata de produtos com problemas até a liberação de produtos antes de o empenho ser formalmente emitido;
- diferencia-se o que é legal do que é ético, afirmando-se que com a Prodiet é sempre ético, e não apenas legal;
- a preocupação social e ambiental da Prodiet não é necessariamente critério de compra, a qual pode ser realizada com base na relação comercial e na prestação de serviços, já que esse mercado de medicamentos é considerado extremamente agressivo, sendo comum esquecer-se de relacionamentos anteriores. No mercado de saúde, aqueles dois fatores não constituem um diferencial para a compra. O comprador que deu esta informação é cliente há 10 anos da Prodiet e sofre forte assédio de outros fornecedores.

Perfil da Prodiet

- Tamanho e forma da organização: média e centralizada; quatro níveis hierárquicos.
- Tipo de mercado onde atua: nacional, com muita instabilidade; muitos competidores e muitos fornecedores; possui escritórios em outras cidades.
- Tipo de produto: *commodities*; necessita de espaço físico.
- Tempo de existência: 20 anos.
- Desempenho mercadológico: alto.
- Características da sede: ampla; mais sofisticada que as demais.
- Base de influência do líder, de acordo com Motta (1991): corretagem de poder.
- Posicionamento do líder no *grid* gerencial de Blake e Mouton (1991): maior preocupação com as pessoas do que com o desempenho.
- Características dos *stakeholders* internos: boa parte é religiosa; alguns são do movimento.

- Características dos *stakeholders* externos: apenas pessoas jurídicas e governos; alguns são religiosos, mas isso não influencia a decisão de compra.
- Percepção dos *stakeholders* internos: é uma família, mas está se burocratizando; pode-se sair dela para ofertas melhores.
- Percepção dos *stakeholders* externos: empresa com ambiente receptivo; os sorrisos são constantes.
- Papel dos relacionamentos: criação de ambiente familiar.
- Percepção dos donos quanto à vantagem competitiva: é gerada porque aumenta a confiança e o comprometimento.
- Percepção dos donos quanto ao crescimento da empresa: crescer é fundamental.
- Ênfase observada nas quatro dimensões da EdC (segundo os donos): tem de haver equilíbrio, mas a ética impacta mais.
- Exposição ao aspecto religioso: a maioria, senão todos, é religiosa, mesmo os *stakeholders* externos.
- Expressões e termos mais comuns ouvidos nas entrevistas: custos; fidelidade; "não é mais a mesma coisa".
- Característica distintiva: busca da eficiência e processo de burocratização.
- Nível de profissionalização do corpo gerencial: alto.
- Existência de *stakeholders* no quadro diretor: não identificada.
- Existência de mecanismos de gestão formalizados com *stakeholders* internos: não identificada.
- Manifestações com preocupações ambientais: baixas.
- Identificação de conflitos internos: maior quantidade de conflitos percebida, por conta da burocratização.
- Identificação de mecanismos para resolução de conflitos: a chefia chama e conversa; parte destes conflitos ainda está sem tratamento.
- Presença física diária dos líderes: muito grande; trabalham entre os funcionários.
- Relações com o sindicato: irrelevantes.
- Relações com associações de classe: irrelevantes.
- Percepção do pesquisador quanto à proximidade da EdC: equilibra alto desempenho com padrões de EdC.
- Aspectos relativos a recursos humanos: alimentação subsidiada; ambiente familiar; remédios.
- Relação entre desempenho e Providência: média.
- Percepção dos sócios quanto a aspectos políticos: média.

❑ Forma como a empresa vive o "dar" – prática do *homo donator*: dar com responsabilidade.
❑ Exemplos de rituais de socialização dos funcionários: leitura da palavra de vida; café da manhã mensal; coral.

Policlínica Ágape

A Policlínica Ágape é uma empresa de pequeno para médio porte em Vargem Grande Paulista, São Paulo, próxima do pólo Spartaco. De seus 60 funcionários, metade é efetiva e exclusiva, 25 são médicos e cinco são dentistas, todos terceirizados. O faturamento gira em torno de R$ 1 milhão por ano, provenientes das clínicas de ginecologia, pediatria, odontologia, dermatologia, homeopatia, neurologia, angiologia, clínica médica, entre outras. É um centro de referência na região, levando médicos e pacientes a se deslocar da capital para lá trabalharem ou serem atendidos. Recebeu a marca de qualidade em análises clínicas, conferida pela Sociedade Brasileira de Análises Clínicas, em 2001, e já realizou pesquisas com a Universidade de São Paulo (USP) na área de hepatologia.

Foi fundada em 1992, já dentro do projeto de EdC, e sua atual diretora é vinculada ao Movimento dos Focolares. Ela, sendo sócia-diretora, é quem toma as principais decisões na organização, mas a consulta informal aos funcionários é comum. Não há um quadro diretor com representatividade mista, envolvendo funcionários ou clientes, e a presença física dessa diretora se faz sentir a todo momento.

Como toda clínica, grande parte de seu faturamento provém de planos de saúde, o que gera um quadro desconfortável em termos de poder de barganha. Todavia a empresa tem buscado formas alternativas para se viabilizar financeira e mercadologicamente, como estabelecer parcerias com prefeituras ou criar um cartão de acesso a seus serviços para clientes sem plano.

A Policlínica Ágape, cujo nome significa "amor pleno e profundo", é conhecida por sua atuação ética – não pedir exames desnecessários para aumentar faturamento, por exemplo – e pela atenção dedicada aos clientes. Nesse aspecto, um caso emblemático foi relatado pela gerente financeira da empresa. Uma paciente terminal foi ali levada por seu médico, embora a Ágape não tivesse os recursos técnicos necessários para o atendimento daquele caso. A alegação do médico, conhecido patologista de São Paulo, foi de que "só vocês podem dar o que esta pessoa precisa", referindo-se ao carinho e à atenção da "realidade Ágape". A satisfação do médico com o tratamento dado àquela cliente levou-o a um relacionamento duradouro com a clínica que possibilitou "a abertura de muitas portas", segundo essa gerente, que também foi diretora da Espri.

A sede atual, inaugurada em 2002, é ampla e aberta, com jardins e uma grande área envidraçada. Não são instalações luxuosas, mas não espartanas como as da La Tunica, por exemplo. Há ali uma decoração mais generosa e um clima mais empresarial. A discrição das roupas, muito comum às mulheres ligadas ao movimento, é amenizada, mas os cabelos curtos predominam, com pequenos adereços.

A diretora, Darlene, demonstra uma energia bem acima da média das demais pessoas entrevistadas na pesquisa. Sua fala tem um tom pacífico e messiânico, contrastando com constantes e ágeis ir e vir no trabalho. Apesar da longa entrevista, não deixou de trabalhar enquanto a concedia nem deixou que se perdesse a profundidade dos argumentos, típica dos líderes de EdC, o que lhe permitia, inclusive, associar, sem dificuldade, religião a negócios.

Para ela, a preocupação com o social no movimento é produto natural de sua espiritualidade. A adesão ao projeto de EdC foi fruto de um desejo muito profundo de cada um daqueles que a ele se vincularam. O início foi, segundo ela, "um delírio", mas depois caiu-se na realidade. Admite que "quem faz EdC tem uma boa dose de loucura", mas este foi também um elemento motivador para a viabilidade do projeto Ágape. E foi essa "loucura" que ajudou a fundadora, a dra. Paula, a atropelar as tradicionais dificuldades para se abrir uma empresa no Brasil.

As práticas no mercado de saúde nem sempre são totalmente éticas, levando a empresa a dar maior atenção, desde o início, à conduta de alguns médicos que atendiam de forma distinta os pagantes e os vinculados a planos de saúde. Os que insistiram nesse procedimento foram demitidos. Nessa empresa, como em outras do projeto, o desejo de empregabilidade pode ser facilmente substituído pelo desejo de demitir quando se violam fronteiras éticas, porque elas são viscerais ao projeto.

A diretora da Ágape lembra que a EdC traz o homem para o centro do processo produtivo, e isso explica por que seus médicos se perguntam o motivo pelo qual são mais felizes trabalhando na policlínica do que em seus consultórios, ou por que são mais motivados. Ela responde a essas questões dizendo que as pessoas gostam de trabalhar em ambientes onde são respeitadas, onde há transparência, onde os problemas são colocados na mesa e há sinceridade no olhar. Nessa perspectiva, o projeto teria a capacidade de tirar o melhor das pessoas.

No processo de ajustamento dos profissionais ao ideário do projeto, a dificuldade maior esteve em destruir as velhas formas de pensar e as antigas práticas. Aí o mais impactante foi a questão ética. Ela lembra o que lhe disse um concorrente: "se vocês continuarem a agir com os convênios dessa forma, não vão sobreviver". Também na clínica, práticas consideradas abusivas, como esterilizações e métodos anticoncepcionais, nunca foram permitidas e já levaram ao afastamento de profissionais médicos.

A prática da doação de parte dos lucros é considerada positiva para a auto-imagem da instituição. Em sua visão, uma cultura do dar, do partilhar, é compatível com a natureza humana. "Ter" é direito de todos, mas "acumular" faz as pessoas perderem a noção das coisas. O problema está nesse limite entre o ter e o acumular. Da não-observância dessa fronteira deriva a questão da concentração de renda e da injustiça social.

A forte propensão para a religiosidade na maior parte de seus funcionários é vista como facilitadora dos relacionamentos, mas alguns médicos já procuraram testá-la para sentir até onde ia a sua convicção no ideário do projeto. Os médicos, em sua maioria, são agnósticos ou ateus. Na Policlínica Ágape todos os funcionários conhecem bem o que é EdC e quais são seus objetivos, o que não é comum a todas as empresas do projeto. Mas os médicos aderiram, não tem havido resistência quanto à política da empresa, porque os ideais são considerados, por si só, motivadores.

Ela reafirma o que já foi dito por outros diretores, o líder tem de ter cuidado para não "instrumentalizar" os princípios de EdC, não tratá-los de forma utilitarista para obter vantagens, pois o projeto só funciona se integrar todos os elementos de EdC. Já houve o caso de um industrial alemão que tentou contratar uma consultoria de EdC para aumentar a produtividade de seu pessoal, o que foi de imediato recusado, pois o comprometimento dos funcionários só é alcançável quando todos os elementos do projeto são postos em prática de forma integrada.

A diretora da Ágape reafirma, como outros, a presença da Providência Divina nos negócios da empresa, pois ela é real e se manifesta em diversos momentos difíceis, através de uma idéia salvadora, ou da abertura de um negócio, quando não mais havia esperanças. Todavia não existiria aí um sentido mágico, porque tem-se que ser competente, ser sério e estar sempre "correndo atrás". Pelo que se entende de suas palavras, a Providência é a ajuda para aqueles que a vinham ajudando, uma mistura de ação e fé. Diz ela: "tem que deixar Deus entrar".

Os depoimentos dos funcionários da Policlínica Ágape foram mais homogêneos do que os da Prodiet. Talvez a maior religiosidade entre eles responda, em parte, por essa homogeneidade. E são muito próximos aos colhidos nas outras empresas.

De modo geral, os técnicos de laboratório e a recepcionista entrevistados concordam quanto à diferença da policlínica em relação às outras empresas em que trabalharam, localizando essa diversidade nos relacionamentos, principalmente entre patrão e empregado, e no clima organizacional. Uma técnica com oito anos de empresa e experiência em vários outros hospitais diz que os problemas são os mesmos, mas são solucionados de forma diferente, porque a Ágape "dá mais valor às pessoas". Ela recusou propostas para outros hospitais onde ganharia mais. Desconhecia a EdC quando entrou na policlínica, e hoje acha que pertencer ao projeto ajuda seu trabalho e o dos outros funcionários também, os que sabem "os motivos e os princípios" da direção. Fazer algo para os pobres, saber que há algo "bem maior" por trás, motiva, diz ela. E com ela concordam outra técnica de laboratório e a recepcionista; a primeira com dois e a segunda com 10 anos de experiência na empresa. Diz a técnica que "a gente pega o clima com o tempo", referindo-se a seu processo de aculturação, aquilo que o projeto chama de formação de uma cultura da partilha. E acrescenta: "a gente vê coisas na TV (projetos de caridade), mas aqui você vive isso", enfatizando o objetivo do combate à indigência e afirmando que ser egocêntrico é ser diferente.

A recepcionista, da mesma forma que alguns outros funcionários, pertence ao Movimento dos Focolares, mas, segundo ela, os que não pertencem aceitam também o estilo de administração da clínica. "Só os médicos não são e não se interessam em saber (sobre o movimento)." Todas as três concordam que porte não é problema para implantação daquele tipo de cultura, desde que as lideranças tenham as características de sua diretora, o que, entre outras coisas, inclui sua presença ativa e diária na empresa. Por dificuldade de acesso, ante a constante ocupação e os tempos limitados de permanência na policlínica, os médicos, que se declaram agnósticos, não puderam ser ouvidos.

Talvez a característica mais marcante da Policlínica Ágape seja a convivência entre os dois grupos, médicos e funcionários, com posturas opostas em relação à religiosidade. Todavia os dois compartilham o mesmo objetivo, pois os médicos também estão preocupados com os aspectos humanos e sociais da clientela. Cada um a seu modo, cada grupo seguindo as suas próprias regras chegam a um resultado comum.

Quanto aos demais *stakeholders*, as entrevistas com três fornecedores e dois clientes mostram grande semelhança com as de outras empresas do projeto já examinadas. O que foi dito antes sobre os médicos se aplica também aos médicos fornecedores, todos declarados agnósticos. Eles conhecem o movimento ou o projeto por ouvir falar, mas sentem que tal vínculo tem repercussão em sua relação comercial com a Ágape. Percebem diferenças em relação a outras clínicas, hospitais e clientes, inclusive na questão do trato com os convênios. Percebem o ambiente receptivo e familiar, a existência de uma filosofia por trás de suas ações, a importância da motivação social, a relativização da dimensão financeira orientando o atendimento rápido. Vários exemplos de mau atendimento em outros hospitais foram mencionados para demonstrar que a preocupação com o lado humano do atendimento não é comum a todos os médicos em todos os hospitais.

Em linhas gerais, a forma de trabalhar dos fornecedores segue um padrão comum, mas percebem uma motivação incomum no pessoal da policlínica, o que acaba mudando o relacionamento com ela. Diz uma médica fornecedora: "aqui não tem essa de não dar o número do bip para o paciente não te achar...". E acrescenta que os clientes que não têm convênio são atendidos com desconto de 30% em todos os serviços da policlínica, bastando ter um cartão dela, para o qual não há custo. Primeiro se atende e, se necessário, encaminha-se para outra solução, quando o comportamento mais comum é não atender a quem não tem convênio ou não pode pagar.

Os clientes entrevistados confirmam tais informações. E lhes agrada saber que uma parte da consulta paga vai para atendimento a necessitados. Uma cliente da Ágape desde sua fundação afirmou que continuaria a procurá-la mesmo se o preço fosse um pouco mais caro. O bom humor dos funcionários, o clima amigo e o sorriso sincero também foram lembrados.

Um cliente, que também é fornecedor na condição de gerente do banco comercial com o qual a policlínica opera, diz que sua matéria-prima, como gerente fornecedor de crédito, é a confiança. E é nisso que ele percebe a grande peculiaridade da Ágape, pois "é uma empresa em que confio cegamente". Lembra que a empresa já passou por dificuldades, mas não deixou de honrar todos os seus compromissos. Ele entende que fornecer crédito às empresas com aquele tipo de gestão é mais fácil e menos arriscado, sendo nesse sentido que a EdC acresce o valor da empresa. Como cliente, ao falar do clima organizacional na

Ágape, usou o termo "aconchegante", pouco comum como referência a clínicas ou hospitais.

Perfil da Policlínica Ágape

- Tamanho e forma da organização: mescla estrutura matricial com funcional.
- Tipo de mercado onde atua: local com média instabilidade; poucos competidores e muitos fornecedores.
- Tipo de produto: individualizada no conceito, mas tem partes em série; média tecnologia.
- Proposta inicial e tempo de existência: criada para atender à EdC, foi fundada há 13 anos;
- Desempenho mercadológico: médio a alto.
- Características da sede: ampla; casa reformada, com aspectos aconchegantes.
- Base de influência do líder, de acordo com Motta (1991): corretagem de poder.
- Posicionamento do líder no *grid* gerencial de Blake e Mouton (1991): maior preocupação com as pessoas do que com o desempenho.
- Características dos *stakeholders* internos: a maior parte é religiosa, exceto os médicos que são agnósticos ou ateus.
- Características dos *stakeholders* externos: pessoas físicas e jurídicas; os entrevistados são religiosos e isso influencia a decisão de compra.
- Percepção dos *stakeholders* internos: é uma empresa diferente; desperta preferência.
- Percepção dos *stakeholders* externos: local onde se sentem muito à vontade; diálogo fácil.
- Papel dos relacionamentos: aumenta a percepção de saúde (a "saúde Ágape").
- Percepção dos donos quanto à vantagem competitiva: há tal vantagem porque todos têm comprometimento e trabalham satisfeitos.
- Percepção dos donos quanto ao crescimento da empresa: somente se o líder conseguir continuar próximo.
- Ênfase observada nas quatro dimensões de EdC: a ética é a mais importante, as demais vêm a reboque.
- Exposição ao aspecto religioso: ruptura visível entre médicos e demais *stakeholders*; os primeiros são agnósticos e os segundos demonstram forte lado religioso.

- Expressões e termos mais comuns ouvidos nas entrevistas: saúde Ágape; doação; ser humano.
- Característica distintiva: cisão cultural entre médicos e não-médicos.
- Nível de profissionalização dos gerentes: médio.
- Existência de *stakeholders* no quadro diretor: não identificada.
- Existência de mecanismos de gestão formalizados envolvendo *stakeholders* internos: não identificada.
- Manifestação com preocupações ambientais: média.
- Identificação de conflitos internos: baixo nível de conflitos.
- Mecanismos de resolução de conflitos: não identificados.
- Presença física diária dos líderes: muito grande; os funcionários dão sugestões espontaneamente.
- Relações com o sindicato: não identificadas.
- Relações com as associações de classe: não existe uma associação única.
- Percepção do pesquisador quanto à proximidade de EdC: equilibra bom desempenho com padrões de EdC.
- Aspectos relativos a recursos humanos: alimentação; ambiente familiar.
- Relação entre o desempenho e a Providência: total; a Providência é considerada real.
- Percepção dos sócios quanto a aspectos políticos: não identificada.
- Forma como a empresa vive o "dar" – prática do *homo donator*: viver é dar, inclusive conforto na doença.
- Exemplos de rituais de socialização: leitura da palavra da vida; reuniões opcionais sobre o Movimento dos Focolares.

Outras fontes de informações

Além da participação nos congressos e das visitas às empresas, acima resumidas, foram recolhidas algumas informações de maneira informal em contatos com membros do Movimento dos Focolares, principalmente na visita à mariápolis Ginetta, no estado de São Paulo, onde fica o pólo Spartaco.

As construções da mariápolis, no Brasil, tal como na Itália, são simples, mas confortáveis. Nas casas visitadas não são comuns os aparelhos de televisão, as refeições não são sofisticadas, mas abundantes, e prevalece a presença de senhoras de meia-idade, discretamente trajadas, embora em Loppiano, Itália, a presença masculina seja marcante. Na mariápolis italiana também é significativa a presença de jovens vindos de diversas partes do mundo, inclusive do Brasil, para ali trabalhar.

À primeira vista, essas localidades não apresentam nenhuma das características de um centro de negócios, impressão confirmada quando lá se pernoita. É um lugar mais voltado para reflexões pessoais, sem a movimentação típica do mundo do *business*. O ambiente é bonito durante o dia, com jardins floridos decorando a paisagem, e silencioso quando a noite cai. Não há barulho de carros, telefones tocando, televisões ou rádios com som elevado, ou mesmo o frenesi dos computadores conectados à internet. E foi nesse ambiente de simplicidade e boa vontade que pudemos colher algumas impressões e informações adicionais.

Em um dos almoços, no Centro Mariápolis, estava à mesa uma professora da Escola Aurora, vinculada ao projeto desde seu início. Ela relatou que esteve próxima de fechar as portas, mas um mutirão no qual cada aluno trouxe outro salvou a escola. No início os focolarinos encaminhavam seus filhos a ela, mas hoje apenas 20% dos alunos têm vinculação com o movimento, pois a escola cresceu, dispondo agora de 200 alunos e 30 professores. Para sobreviver, teve também de enfrentar ações pouco éticas de concorrentes.

Em um outro evento, fizemos contato com uma funcionária da Eco-Ar, que lhe relatou as dificuldades para se estabelecer em um mercado comoditizado, que requer volume de vendas para grandes supermercados. Para começar suas atividades, a empresa, que produz material químico, precisava de uma autorização de Brasília. Mas o processo não andava e, depois de muitas tentativas, o responsável pela autorização exigiu propina.

Tal procedimento não é aceito entre as ferramentas gerenciais da EdC, e, sem dinheiro para contratar um advogado, os fundadores pensaram em desistir do empreendimento. Mas uma ocorrência inesperada, atribuída à Providência, resolveu o problema: o contato com uma pessoa que, sensibilizada pela honestidade dos donos, conseguiu liberar a licença sem qualquer tipo de despesa.

Nestes dois casos pode-se retomar a presença da fé, manifestada pela crença na existência de uma Providência Divina, freqüente nos momentos difíceis, entre os participantes do Projeto de Economia de Comunhão. Também não faltaram referências a ela no congresso mundial de Castelgandolfo. A crença nesse fator imponderável, inacessível ao racionalismo, é muito marcante em todos os aspectos da vida dos envolvidos, tornando difícil imaginar uma empresa de EdC sem esse elemento. É típico e fortemente diferenciador da ambiência empresarial, mesmo quando consideramos a crescente recorrência a astrólogos, videntes, cartomantes e outros expedientes por parte de executivos de topo, desconfiados dos processos racionais de decisão (Demo, 1997:92).

Essa crença no projeto é comum a todas as organizações, particularmente nos executivos vinculados ao Movimento dos Focolares. E se apresenta como um elemento central na motivação dessas lideranças, que assumem as palavras de Chiara Lubich quando ela afirma que o projeto tem raízes no céu. Não se trata de casos individuais, encontrados em empresas onde dirigentes eventualmente recorrem a uma entidade superior como um elemento auxiliar em seus negócios. Mas de um traço central na cultura da partilha proposta por Chiara. Como já dissemos, um olhar cético poderia constatar um certo exagero na atribuição de responsabilidades à Providência, pois várias vezes lhe é tributada a presença em fatos em que ainda era possível alguma probabilidade de ocorrência do evento. Mas isso é a manifestação do estado de espírito desses pequenos ou médios empresários que acreditam na existência de um "sócio invisível", gerindo com eles seus negócios. É algo atípico tanto no campo dos estudos organizacionais, totalmente avesso a essas manifestações espiritualizadas da gestão, quanto no campo da prática empresarial.

Esse traço cultural vinculado à intensidade e à qualidade dos relacionamentos interpessoais e interinstitucionais e o papel exercido pelas lideranças surgem na análise qualitativa como aspectos peculiares das empresas de EdC.

A visão quantitativa

Essa abordagem inclui dois momentos. O primeiro apresenta a consolidação dos resultados da pesquisa enviada para as empresas; e o segundo, os desempenhos de balanço social da Femaq, da Prodiet e da Policlínica Ágape em comparação com o banco de dados do Ibase.

A intenção desta fase do estudo foi verificar se o coligido no exame qualitativo resulta em desempenhos quantitativamente superiores. O que se segue é uma primeira síntese dessa análise.

Survey

Os questionários enviados, por fax ou pela internet, a todas as empresas registradas no escritório central do projeto de EdC visavam um conhecimento prévio dessas organizações. Muitas das questões colocadas nas entrevistas qualitativas foram extraídas da consolidação desses resultados. Dos 65 questionários enviados, apenas 12 retornaram com respostas completas. O índice baixo de respostas é comum nesse tipo de pesquisa, mas é também fruto da disponibilidade de pequenas empresas em termos de tempo e dados acessíveis para efetivação das respostas. O questionário continha uma escala Likert com um contínuo de 1 (discordo totalmente) a 5 (concordo totalmente).

Essa ferramenta, com tal índice de respostas, não possibilitaria maiores ilações do ponto de vista estatístico, não permitiria, isoladamente, chegar a conclusões, mas foi útil como uma primeira aproximação e como auxílio na descrição dos dados. As questões formuladas foram as que se seguem.

- Questão 1: pelo fato de minha empresa pertencer à EdC, tive que enfrentar mais dificuldades em relação a outras empresas que não pertencem a ela para entrar no mercado e para sobreviver nele.
- Questão 2: considerando as quatro dimensões do Movimento dos Focolares, a social, a econômica, a moral e a religiosa, é esta última a que mais impacta na forma como conduzo os negócios.
- Questão 3: sempre que obtive lucro, ele foi dividido igualmente em três partes, conforme a orientação de Chiara Lubich.
- Questão 4: enfrentei e/ou enfrento resistências por parte dos funcionários para implantar o ideário da EdC.
- Questão 5: os ideais de EdC funcionam como um elemento motivador para meus funcionários.
- Questão 6: o fato de minha empresa pertencer à EdC faz com que meus clientes valorizem meus produtos e me dá vantagem competitiva em relação aos concorrentes.
- Questão 7: o fato de minha empresa pertencer à EdC facilita meu relacionamento com meus fornecedores.
- Questão 8: o fato de minha empresa pertencer à EdC facilita meu relacionamento com os concorrentes.
- Questão 9: se minha empresa tivesse acionistas externos com ênfase no lucro (por exemplo, ações na bolsa de valores), ou se ela fosse grande (mais de 200 funcionários), não seria bem-sucedida em sua experiência de pertencer à EdC.
- Questão 10: empresas cujos donos não possuem qualquer orientação religiosa podem também se vincular à EdC, se não formalmente, pelo menos no cumprimento de suas orientações principais.

A tabela 1 mostra as respostas dadas a estas 10 perguntas em termos da escala de Likert, com seu contínuo de 1 a 5.

Tabela 1
Respostas dadas às 10 perguntas da escala de Likert

Empresa	1	2	3	4	5	6	7	8	9	10
Uniben	5	4	3	1	4	2	3	3		5
Escola Aurora	3	3	3	1	5	2	3	3	1	5
Estrela Viagens	4	3	3	1	5	1	5	5		
KNE Rotogine	1	1	1	1	5	3	3	1	3	5
La Tunica	4	3	3	1	5	4	4	3	1	5
Ágape	3	3	1	1	4	5	5	5	3	3
Prado & Oliveira	1	1	1	1	1	1	1	1		5
Sabor & Vida	4	4	4	1	5	5	5	5	4	5
Sibrasa	5	4	5	1	4	5	4	4	1	4
DB Lentes	1	1	1	1	5	3	3	5	1	4
Cremasco	1	5	3	1	3	5	5	5		3
Granja Piu Piu	2	1	1	1	3	5	5	5	2	
Média	2,8	2,8	2,4	1,0	4,1	3,4	3,8	3,8	2,0	4,3
Desvio-padrão	1,6	1,4	1,4	0,0	1,2	1,6	1,3	1,5	1,2	0,9
Moda	1,0	3,0	3,0	1,0	5,0	5,0	5,0	5,0	1,0	5,0

Algumas dessas empresas acrescentaram comentários às respostas numéricas dadas. A Uniben e a Estrela Viagens consideram a deslealdade da concorrência um problema maior para a implementação de uma empresa de EdC. As duas empresas também identificam EdC como um elemento motivador, conforme sua pontuação na questão quatro. "A adesão é quase total", escreveu o representante da Unibem.

A La Tunica também ficou muito próxima dessa posição ao justificar sua resposta dizendo que o pagamento integral de encargos e impostos gera uma desvantagem em relação aos concorrentes.

A empresa Prado & Oliveira Auditores Associados discordou de todos os itens apresentados, exceto do último. Foi a única empresa com essa postura e que não apresentou justificativas para as suas respostas.

O item de maior variabilidade foi o relacionado à vantagem competitiva. Não houve consenso entre os que teceram comentários.

Na questão das dimensões que caracterizam o projeto (segunda questão), a maioria se justificou afirmando não haver predomínio, sendo ideal que ocorra equilíbrio entre elas. Mas a Uniben e a Granja Piu Piu atribuíram prioridade ao aspecto religioso.

O balanço social: empresas de EdC *versus* dados do Ibase

Esse foi o principal tratamento quantitativo da pesquisa: a comparação dos desempenhos sociais de três empresas de EdC com os de empresas constantes no banco de dados do Ibase. Foram 185 empresas que publicaram seus balanços sociais conforme o modelo do Ibase.

Tivemos de consolidar os dados em 61 tabelas, para os anos de 2001 e 2002 (Pinto, 2004), separando, no entanto, 20 empresas com menos de 100 funcionários, porque as empresas de EdC estudadas que serviram de comparação estão nesse caso.

As tabelas fornecem as informações de todos os itens de cada uma das frentes de análise: a ambiental, a interna e a externa. Fornecem dados em termos percentuais do resultado operacional e de receita líquida para os indicadores ambientais e externos; e também de percentual da folha de pagamento bruta e de receita líquida para os indicadores internos. Tais comparações fazem parte do modelo do Ibase e, como tais, foram respeitadas.

A análise estatística foi útil na comparação entre as características de pontos isolados, no caso as empresas de EdC, contra um comportamento de determinado grupo de controle, no caso, as empresas constantes no banco de dados do Ibase. O confronto da posição dos indicadores das empresas de EdC com os limites calculados nas tabelas possibilitou identificar se os desempenhos sociais expressos nesses indicadores superavam significativamente os das empresas que publicaram aquele balanço. Em última instância, foi possível observar se os números das três empresas de EdC sugeriam (ou não) um padrão equivalente ao da distribuição do Ibase. A análise estatística incluiu as principais medidas de tendência central, de dispersão e dos limites propostos por Freund e Simon (2000:357) para uma distribuição normal. O uso desse limite ajuda a elucidar o posicionamento dos desempenhos das empresas de EdC em comparação com as que publicaram o balanço social, ou com aquelas com menos de 100 funcionários.

Os resultados dessa análise estão no capítulo sobre os dados quantitativos do estudo.

Examinando os resultados da pesquisa

Cabe aqui refletir sobre os dados referenciados no capítulo anterior, tanto do ponto de vista qualitativo quanto do quantitativo, para buscar paralelos com a base teórica utilizada, em particular a teoria dos *stakeholders*, identificando padrões de comportamento capturados por esta rede conceitual. Também é feita, neste capítulo, uma confrontação entre os desempenhos reportados pelas empresas de EdC estudadas e os do banco de dados do Ibase em termos de indicadores sociais. A partir desses dois caminhos poderemos definir o que se entende por uma empresa de EdC – seu conceito –, considerados tais limites teóricos.

Caracterização das empresas de EdC

Ao refletir sobre o conjunto de dados coletados ao longo do estudo, a primeira questão que se nos apresenta é sobre a qualificação de uma empresa de EdC, sua característica dominante, fundada na religiosidade. Reportamo-nos, então, aos requisitos que Nash (1994:13) definiu para classificar uma empresa como evangélica, porque essa questão surge aqui da mesma forma que surgiu na pesquisa de Nash com empresas evangélicas. Segundo essa pesquisadora, para a empresa ser incluída nesta designação, seus líderes devem ter as seguintes características:

- de oração – estão submetidos à vontade de Deus; dirigem sua vida de acordo com princípios bíblicos; mencionam a religião em sua fala diária;
- pessoais – aceitam Jesus; acreditam que eventos diários têm significado sagrado;
- relacionais – têm uma relação pessoal com Jesus; consideram a harmonia familiar importante; estabelecem redes sociais com outros grupos semelhantes; consideram o trabalho uma missão pessoal importante.

Todas elas são encontradas no cotidiano das empresas de EdC visitadas e também nos integrantes do Movimento dos Focolares. Aliás, é difícil estabelecer diferenças entre eles no que concerne às definições de Nash (1994). A afirmação de que essas pessoas usam a Bíblia para regular todos os aspectos de suas vidas aparece durante toda a pesquisa. É preciso relembrar aqui que as empresas estudadas são consideradas líderes no projeto, o que sugere uma relação entre liderança e religiosidade em seu âmbito.

Nash (1994) também associa essa classificação de empresa evangélica com uma preocupação maior nos relacionamentos e com a formação de uma rede de ajuda mútua, atuante em nível mundial, o que foi identificado na realidade EdC, principalmente nos congressos visitados.

Sentir-se diferente da corrente hegemônica é outro ponto comum. Tal percepção pode ser um elemento adicional para fortalecer o grupo em sua cruzada contra as injustiças do mundo. A despeito das preocupações dos gestores em não impor suas visões religiosas a seus funcionários, desses se espera que sigam um conjunto específico de normas para as relações familiares e para seus objetivos pessoais.

A conclusão da pesquisadora é de que a ética do protestantismo calvinista, citado por Max Weber, já foi uma fonte de vantagem competitiva quando da consolidação do capitalismo, mas seus rígidos princípios de inflexibilidade, trabalho árduo, disciplina, hierarquia, racionalidade e individualismo seriam, hoje, mais restrições do que favorecimentos ao crescimento econômico. A nova realidade do mercado, instável, holística e relacional, apresenta-se mais adequada à visão de mundo dessa empresa evangélica.

Se tais argumentos forem corretos, o projeto de EdC pode ser considerado uma fonte potencial de vantagem competitiva para a empresa participante que ponha em prática adequadamente seu ideário, o que nem todas ainda o fazem (Almeida e Leitão, 2003).

EdC como fonte de vantagem competitiva

A despeito de a EdC ser ou não uma geradora de vantagem competitiva, cabe observar que a maior proximidade encontrada entre sua prática e o quadro referencial da teoria dos *stakeholders* se dá no que esta tem de normativa e não instrumental. Inúmeras foram as passagens em que os informantes descartaram a acumulação de lucro como preocupação central da empresa. O agir ético, o cuidado no relacional, a manutenção da integridade ampla dos *stakeholders* é que foram recursivos nas fontes utilizadas na pesquisa. Mas como a competitividade é uma preocupação inerente aos mercados capitalistas, tema freqüentemente apreciado pelos entrevistados, será necessário entrar na vertente instrumentalista daquela teoria.

Vários autores próximos ao Movimento dos Focolares e/ou ligados ao projeto de EdC entendem que há uma geração natural de vantagem competitiva nas empresas do projeto, a despeito de custos maiores para sua implantação e continuidade. Um desses autores é Gold (2000b), cuja comparação entre vantagens e desvantagens da EdC, em termos de custos e benefícios, foi apresentada no segundo capítulo deste livro.

O funcionário como diferencial competitivo

Retomando a tabela de Gold, o item relacionado às vantagens inerentes a um aumento de produtividade, por causa da existência de um "espírito de corpo", foi observado nesta pesquisa. Contudo não foi constatado um conjunto de benefícios maior do que o oferecido pelo mercado, conforme sugere aquela autora. As opções dos funcionários em continuar na empresa passavam, quase sempre, por elementos menos tangíveis, como respeito, clima favorável ou sensibilização com as ações sociais. Se isso é positivo, do ponto de vista do dispêndio de recursos financeiros, para a manutenção da mão-de-obra, também exige que o funcionário seja sensível a tais aspectos. Não é por acaso que um pilar central do ideário de EdC é a construção de um homem novo.

Quanto às facilidades de recrutamento mencionadas, elas não podem ser dissociadas da grande maioria de trabalhadores religiosos no projeto. Muitos foram admitidos por indicação do movimento, ou por trabalhadores que já viviam essa experiência. Assim, não parece absurdo pensar no Movimento dos Focolares como um repositório de mão-de-obra com as características culturais próprias à vida numa empresa de EdC. Mesmo na Femaq, com sua posição de vanguarda no projeto, isso foi observado. Novamente, a Policlínica Ágape é um caso à parte quanto à equipe médica, mas tem exatamente a mesma constituição quanto aos seus funcionários.

Refletindo essa observação empírica na teoria dos *stakeholders*, encontramos a afirmação de Panapanaan e colaboradores (2003:134) de que empresas socialmente responsáveis têm maior facilidade em "atrair bons recrutas, além de desenvolverem e manterem maior lealdade internamente". E também a pesquisa de Joyner e Payne (2002), apontando para uma maior lealdade dos funcionários nas empresas tidas como socialmente responsáveis. Em ambas as situações este *stakeholder* funciona como um foco potencial de vantagem competitiva.

Na tabela de Gold há outros itens relacionados ao papel dos funcionários na competitividade da empresa. São mencionados os termos inovação, dedicação e motivação como aspectos positivos e, como ônus, os investimentos em segurança do trabalho e a perda de oportunidades de mercado devido a uma recusa à corrupção. O depoimento dos funcionários e algumas respostas à *survey* indicam a presença de um agente motivador dos funcionários das empresas do projeto. Esse agente está relacionado à Providência, farol que orienta muitas ações, como a constatação de que "algo mais" está sendo feito pela empresa, além da busca do lucro, ou relacionado à proximidade e ao respeito dos diretores. Tais observações constam também das análises de Barbosa Lima (2003) e Zamagni (2002a).

Para esses autores, a confiança dos funcionários em seus líderes e a prática freqüente de compartilhar informações são reforços motivacionais geradores de competitividade. A isso poder-se-ia adicionar a existência de uma crença comum, agindo como um forte direcionador de energias e de auxílio recíproco. E isso fica muito evidente na La Tunica, onde muitas das crises e dificuldades só foram superadas por causa de tal característica.

Na Femaq vários depoimentos assinalaram os esforços dos funcionários para desenvolver inovações. Tal fato é particularmente importante para essa empresa, pois boa parte de seu diferencial competitivo advém do fato de ela se manter na vanguarda da tecnologia e de processos.

Houve situações semelhantes na Policlínica Ágape, com soluções inovadoras propostas por funcionários. A questão da participação, "como se o negócio pertencesse ao funcionário", também foi evidenciada na situação descrita pela nutricionista da Prodiet, que chegou a discutir com o patrão por conta de uma estratégia de mercado considerada, por ela, prejudicial à empresa.

Na La Tunica, foram mencionadas situações em que as próprias funcionárias levavam as roupas que fabricavam para suas casas, para tentar vendas extras e ajudar a resolver problemas financeiros da empresa. Em todos os itens, esse elemento interno da motivação do funcionário, que o leva a agir além de sua obrigação, é fartamente referenciado.

Quanto às perdas por não aceitar práticas ilícitas ou pouco éticas, houve também repetidas referências nos depoimentos em todas as empresas. No processo de triangulação inerente ao método de pesquisa utilizado, os *stakeholders* externos confirmaram essa postura, bem como as associações de classe contatadas. A contrapartida desta perda está na certeza de que uma postura reta dispensa maiores controles por parte dos compradores, viabilizando ganhos por confiança. Tal argumento foi verificado nas entrevistas com vários compradores, inclusive um funcionário público da prefeitura de Curitiba, ao manifestar total confiança nos procedimentos e produtos da Prodiet em seu longo relacionamento com a empresa. Na realidade, as empresas de EdC não estão interessadas em verificar se há perda ou ganho nesse procedimento ético, porque seu objetivo não é maximizar lucros no curto prazo, mas ganhar clientes e lucros no longo prazo.

A crença na Providência, citada por Gold (2000b), surgiu reiteradas vezes nos congressos, ou em empresas estudadas, como a La Tunica. É um claro fator motivacional. Os que nela acreditam têm convicção plena de que não serão abandonados à própria sorte por aquele "sócio invisível", além do que, os percalços no caminho são provações naturais. Mas ocorreram depoimentos em que a Providência é algo que também se ajuda a ocorrer, como nos referimos anteriormente. Aqui parecem valer dois ditados populares bem conhecidos: "Deus dá o frio conforme o cobertor" e "Deus ajuda a quem cedo madruga".

A questão ambiental só pôde ser comprovada na Femaq, com seus prêmios e uma menção honrosa conferida por um órgão de classe.

As relações com os stakeholders externos como diferencial competitivo

O relacionamento estreito com base em confiança mútua foi mencionado por vários autores como elemento de vantagem competitiva, nem sempre vinculado à EdC. No caso das empresas estudadas, há clara preocupação com a qualidade desses relacionamentos, que são tidos pelos parceiros como "diferentes" ou "muito melhores do que os com as demais empresas".

Na grande maioria das entrevistas com *stakeholders* externos ou internos, esse tema foi prioritário. Há relacionamentos que perduram por mais de 10 anos, alguns carregados de emoção. Mas o quanto esse fato, tratado de forma isolada, impulsiona a competitividade da empresa ainda é uma questão em aberto.

Existe na teoria dos *stakeholders*, em sua ótica instrumental, uma certeza de que os custos de manutenção da clientela são minimizados pela perenidade dos relacionamentos e, se assim é, o mesmo deve ocorrer nas empresas de EdC estudadas. O economista Zamagni (2002a), autor vinculado à EdC, diz que os custos inerentes a uma empresa "comum" nada acrescentam ao produto final e só existem pela falta da ênfase relacional. Se assim é, pode-se esperar maior competitividade das empresas de EdC. Esta também é a opinião de Jones (1995) e de Waddock (2000), autores distantes da realidade da EdC. Talvez isso possa explicar, ao menos em parte, as altas taxas de crescimento de três das empresas aqui estudadas, pois, segundo esse autor, o *do well (financially)* encontra eco no *do good (socially)*.

Esta pesquisa mostrou, no entanto, que a redução de custos, por si só, pode não ser o principal fator gerador de vantagem competitiva, pois as condições de mercado em que as empresas atuam são um componente importante. Uma investigação focada nesses custos, em EdC, ajudaria a esclarecer a questão.

Referendando essa dualidade estão os depoimentos colhidos nas empresas de EdC cujos clientes são pessoas jurídicas, especialmente na Femaq e na Prodiet. Em ambas, as características do mercado não podem ser abandonadas. Para a Femaq, há outras vantagens competitivas presentes, como a tecnologia de ponta, que a faz única em algumas áreas. Na Prodiet, de mercado comoditizado e agressivo, o bom e longo relacionamento com os clientes não parece ser um grande catalisador de vantagem competitiva. Nessa empresa seria razoável supor esse bem relacional como um fator que o mantém na competição. Do lado dos custos há fortes parcerias dessa empresa com alguns fornecedores, mas não é visível como tal proximidade opera como um divisor de águas em termos de competitividade. Em uma entrevista com um desses fornecedores foi dito que seus preços por vezes eram maiores do que os dos concorrentes, mas, ainda assim, a Prodiet continuava a comprar dele, quase com exclusividade.

Na Policlínica Ágape e na La Tunica, fornecedoras tanto de pessoas físicas quanto jurídicas, há diferenças. Na primeira, há certa folga em relação à concorrência, pois é a única a atender a região onde atua, em um mercado onde a localização é fato relevante. É uma vantagem competitiva *a priori*. Ainda assim, a opção, ou a falta de opção, dos clientes é fator importante, fazendo com que o tipo de relacionamento com a empresa seja fundamental para sua escolha.

Ainda deve ser observado, nesse caso, que a opção do cliente por essa ou aquela clínica é parcial, por conta da importância dos planos de saúde nesse mercado. Eles atuam ora favorecendo, ora atrapalhando, quando, por exemplo, restringem algum serviço prestado pela empresa. Considerado este ponto, observa-se a dependência da empresa, de forma incisiva, dos relacionamentos com seu cliente direto e isso, conforme revelam as entrevistas, é excelente fonte de vantagem competitiva.

Na La Tunica é preciso considerar a forte inclinação religiosa das clientes entrevistadas, na verdade distribuidoras da empresa, o que adiciona uma cola a mais entre empresa e cliente. Assim, falar em vantagem competitiva por conta da força de relacionamentos é visão parcial, porque as razões transcendem as questões comerciais. Tal padrão de comportamento perpassa toda a La Tunica em todos os relacionamentos com os *stakeholders* contatados na pesquisa.

Ao resumir a situação das quatro empresas, fica impossível afirmar, como sugerem as análises teóricas dos autores vinculados ao projeto de EdC, que a fidelidade dos clientes é obra de um relacionamento diferenciado, gerador de maior lucratividade. Pode ser verdade em algumas situações, mas não em outras. As condições de cada mercado constituem fator determinante para que relacionamentos diferenciados aumentem a competitividade. A situação do Hospital Nossa Senhora das Graças, cliente da Prodiet, é emblemática, pois, mesmo reconhecendo a diferença nos relacionamentos, é obrigado a comprar pelo menor preço, pois os planos de saúde definem o nível a ser cobrado pelo hospital. Neste caso, relacionamento não se iguala a lucro.

No que se refere a *stakeholders* mais distantes, como os pobres beneficiados pela ajuda do Movimento dos Focolares, oriunda do lucro das empresas, isso reverte a favor da empresa em termos motivacionais, como já observado. Em termos práticos, se em 2002 a maior parcela de ajuda foi dirigida para a África, pelo escritório central, uma empresa em Cotia ou em Piracicaba dificilmente colherá benefícios diretos e tangíveis com isso. A imagem da pedra lançada ao lago, gerando ondas, é pertinente: a distância tornará as ondas pouco perceptíveis por quem lançou a pedra.

A literatura sobre EdC menciona com freqüência as redes de ajuda mútua. Na pesquisa encontrou-se essa ajuda. Talvez não de forma a causar tanto impacto positivo na contabilidade das empresas, mas ocorreram alguns relatos de benefícios materiais. Devem ser lembrados aqui os fatos de a La Tunica fornecer uniformes para outras empresas do projeto; de a Femaq estabelecer parcerias com a KNE/Rotogine para desenvolvimento de produtos; da diluição de riscos e custos com a construção de pólos industriais; da franca troca de experiências e informações nos congressos; ou a freqüente circulação de pessoas de uma empresa para outra. Tais exemplos tornam tangíveis os benefícios das redes, mas não aparecem como definitivos nem se impõem como condição necessária para o sucesso individual de cada empresa.

A maior ajuda percebida aparece mais no nível simbólico do que no concreto. O "projeto divino", a "ação da Providência", a crença na "superação das dificuldades com a valorização do homem" são grandes estímulos para um grupo que valoriza o significado de suas ações. Quando Zamagni (2002a) menciona as redes de sustento moral e as de contatos comerciais (2002a:92), as primeiras se mostraram, na pesquisa, mais fortes do que as segundas. Daí nos parecer que a vantagem competitiva transita com mais liberdade no conforto espiritual de um grupo que tem prioridades transcendentes.

A prática das empresas de EdC ante a teoria dos *stakeholders* sob o olhar normativo

Como já foi afirmado anteriormente, existe muito em comum entre a proposta do projeto de EdC e a filosofia da teoria dos *stakeholders*, principalmente em sua orientação normativa. A ênfase relacional está presente em pensadores das duas áreas, assim como a preocupação em ampliar os objetivos principais da organização capitalista para além do lucro e inserir em seu planejamento as conseqüências sociais de suas ações.

O quadro 2, proposto por Burckart (2002), correlaciona algumas das dimensões do desenvolvimento sustentável diante do ideário da EdC. Para ele, a finalidade de ambos é reduzir as injustiças sociais. Existem muitas similaridades entre as duas visões, e as diferenças, por vezes, parecem irrelevantes.

Quadro 2
Conceitos de desenvolvimento sustentável

Dimensão	Desenvolvimento sustentável	Cultura do "dar"
Leitura da realidade	❏ Visão holística ❏ Ênfase na interdependência e na inter-relação ❏ Ênfase na dimensão lógico-sistêmica ❏ Evidência da necessidade urgente de novos instrumentos científicos	❏ Paradigma interdisciplinar da unidade ❏ Ênfase na dimensão espiritual-histórica ❏ Possui potencial de consolidação metodológica de construção de modelos teóricos, estratégias de pesquisa empírica e modelos de aplicação
Tratamento da dimensão tempo	❏ Pensamento de longo prazo ❏ Os aspectos de curto prazo são deduzidos a partir dos de longo prazo	❏ Interação intensa entre o futuro e o presente (escatologia e princípio de esperança)
Objetivo do processo de desenvolvimento	❏ Satisfazer a necessidade (em especial dos mais pobres) ❏ Tendência a um "mínimo realista"	❏ "Realização" do "ser humano em comunidade". Felicidade ❏ Tendência a um "máximo profético"
Principais dinamismos	❏ Melhorar o dinamismo inter-relacional entre economia, tecido social e ambiente ❏ Estratégia "todos vencedores" ❏ Ênfases: prevenção e solução dos problemas	❏ Novo dinamismo para conduzir a complexidade à unidade ❏ Conceito-chave desse dinamismo: "dar" ❏ Ênfases: aspectos sociais e ontológicos
Estratégias	❏ Construção de um esquema teórico de referência ❏ Políticas em níveis internacional, nacional e regional ❏ Novos padrões de produção e de consumo ❏ Ênfases: ainda no ambiente, mas transferindo-se a aspectos sociais e culturais	❏ Construção de uma base teórica (no início) ❏ Experiências vitais e construção de "lugarejos-modelos" ❏ Projeto Economia de Comunhão (perspectiva prática e teórica) ❏ Ênfase: aspectos sociais e ontológicos
Antropologia	❏ Centrada no homem* ❏ Excessiva ênfase no ambiente	❏ Centrada no "homem em relação"**

* Até agora não há uma antropologia clara.
** Uma visão intersubjetiva nova que concorda com a tendência atual da "sociedade das organizações".

De fato, foi possível constatar *in loco* muitas das afirmações de Burckart quanto à "cultura do dar", também chamada "cultura da partilha", proposta pela EdC. Há uma orientação espiritual, sem dúvida, e a dimensão histórica fica a ela subordinada, sem, aparentemente, ter o mesmo peso. Isso pode ser atribuído ao caráter atemporal e eterno da Providência, ou seja, não se nega a dimensão cultural, mas ela é serva da dimensão religiosa. Esta é uma diferença importante em relação à visão humanista da teoria dos *stakeholders*. Na cultura do dar existe a proposta da unidade na diversidade, pois essa unidade é desejo divino, sendo todos iguais em espírito. É uma percepção de mundo diferente no mundo dos negócios.

Na teoria dos *stakeholders*, de viés normativo, o *ethos* é negociado, porque é suscetível à qualificação humana, daí decorrendo a importância dos relacionamentos. É a relação com o outro que define o indivíduo e a organização, sendo necessário, ou natural, nas palavras de Sen (1999), que o equívoco de um capitalismo individualista, que nega o outro, seja corrigido. Naquela visão, como em EdC, a aceitação do outro é a base de todo relacionamento humano, favorecendo a colaboração mais do que a competição. Diga-se de passagem que esse também é um princípio explicativo do operar da vida coletiva, segundo a teoria de sistemas vivos, ou teoria de autopoiese (Maturana, 2001; Maturana e Varela, 1995). Nessa perspectiva, a concorrência tem origem cultural, não tendo fundamento na biologia humana.

Então, a economia pode retomar seu caráter ecológico – que pressupõe a aceitação de todos os seres vivos – em benefício da sobrevivência do planeta. A diferença é que para a EdC o mundo é uma extensão do divino, enquanto para a teoria dos *stakeholders* ele é fruto da construção humana. Visões à parte, vale resgatar as palavras do empresário Henrique Leibholz, quando diz que não importa quem vai fazer e como vai ser feito, mas algo tem de ser mudado nesse mundo, sob pena de inviabilizarmos a própria espécie humana. Se os caminhos são diversos, os objetivos são comuns às duas propostas.

Para a teoria dos *stakeholders* de orientação instrumental, este embate não se coloca, pois o objetivo é compatibilizar acumulação de lucro como uma resposta ao clamor social. Suas bases filosóficas são bem mais frágeis.

Na tabela comparativa de Burckart (2002), o alongamento da dimensão temporal é outro fator similar, mas não idêntico. Na EdC o tempo é infinito, na teoria dos *stakeholders*, há uma preocupação com o longo prazo. Há uma diferença de ênfase. Em comum está o fato de ambas rejeitarem com veemência a instantaneidade do mundo capitalista imagético (Santos, 1997). Neste, o conteúdo é menos relevante do que a aparência e, ao contrário da mulher de César, não é preciso ser honesto, basta parecer honesto. A conseqüência é a agressão às condições de sustento da vida, o que explica as definições de órgãos internacionais sobre sustentabilidade, já mencionadas, que falam da responsabilidade do presente para com o futuro.

A análise da contraposição "mínimo realista *versus* máximo profético" (Burckart, 2002) também é relevante. Na teoria dos *stakeholders* não há elementos proféticos, como os que permeiam as falas e as ações dos envolvidos com EdC. A alegria embutida no ato de dar, habitual no cotidiano das pessoas da EdC, não encontra paralelo naquela teoria. O "homem de relação", feliz por estar em comunidade, tem um caráter comunitário, de divisão de bens e de experiência de vida, levando a EdC à ênfase na criação de "lugares modelos" – as mariápolis e os pólos industriais – que funcionam como "faróis" comportamentais, nos termos de Lubich (2000). O padrão é a comunhão, com alcance amplo, como na imagem da pedra lançada ao lago, diante da crença de que todos são filhos de Deus, da mesma família, portanto. Entre os membros de uma mesma família há comunhão, ainda que estejam fisicamente distantes.

Na teoria dos *stakeholders*, por seu turno, a preocupação é com o relacionamento, no sentido lato, entre pessoas que não são da mesma família, mas da mesma espécie, compartilhando da mesma condição humana. O problema apresentado nesses termos envolve, obrigatoriamente, o planeta, donde muitos de seus autores inserirem a variável ambiental na equação estratégica das empresas preocupadas com a sustentabilidade. Mas, para Burckart (2002:69), a mera visão ambientalista é superada na EdC, que adota aquilo que se acredita ser um passo adiante: o gerenciamento sustentável.

Todavia, nas empresas de EdC aqui estudadas, tal preocupação não ficou muito evidente, à exceção da Femaq. Seus sócios assumem, inclusive, uma postura muito pouco comum entre empresários, de que não há separação entre ambiente e empresa. Como disseram: "nós não integramos o meio ambiente; nós somos o meio ambiente".

Quanto à prática das empresas de EdC, deve-se considerar a afirmação de Burckart (2002) de que, "em dado momento, poder-se-ia decidir se a empresa deve esquecer-se de si mesma e colocar-se a serviço de todos os seus *stakeholders* (...). Nessa perspectiva a empresa não se determina a si mesma, é determinada de fora pelas visões e expectativas de seus parceiros" (Burckart, 2002:72).

Não podemos justificar tal afirmação em um sentido estrito. Existe a preocupação com o funcionário e o pessoal externo, muitas vezes expressa com generosidade, empréstimos e ajudas de toda ordem. Mas isso não corresponde exatamente a um auto-esquecimento da empresa para colocar-se a serviço de todos os *stakeholders*. Talvez a visão de Burckart deva ser relativizada, pois existem preocupações da empresa, como segredos industriais, por exemplo, que não podem ser incluídas em tal desprendimento.

Classificação das empresas de EdC e seus gestores e a teoria dos *stakeholders*

Se adotarmos a afirmação de Logsdon e Yuthas (1997) de que existem estágios distintos no comportamento moral de uma organização, podemos dizer que as empresas estudadas ultrapassam os limites convencionais em que as ações são definidas por contratos legais. Nessas empresas predomina um comportamento moral ampliado. Para aqueles autores estão nesse caso as organizações que consideram *stakeholders* também os que não têm direitos legais. Todavia, no que se refere à participação na tomada de decisão, há dúvidas quanto às práticas de EdC. Como já constatado, ocorrem apresentações de balanços e previsões, como no caso da Femaq, ou consultas, mas não existe a representatividade formal no *board* de representantes de comunidades locais, ambientalistas, ou outros *stakeholders*. As decisões finais ficam a cargo da consciência dos gestores, motivados pelas expectativas do projeto e do Movimento dos Focolares, na suposição de que estas se igualem às da sociedade. De todo modo, a elevada sensibilidade social ética dos gestores é um diferencial importante. O que constatamos é que as divergências de interesse não são resolvidas por mecanismos formais de mediação, elas ficam ao nível da consciência dos gestores, que podem ou não ouvir subordinados. Um exemplo dessa constatação foi o depoimento de uma sócia da La Tunica que se dizia uma voz discordante quando ingressou na empresa, mas que se ajustou quando "aceitou Jesus no coração". Ou ainda o pensamento de que os sindicatos não são necessários na EdC, pois nela os funcionários não precisam brigar para obter melhorias.

Uma decorrência de tal postura é de que o velho embate entre capital e trabalho se enfraquece na "cultura da partilha" buscada pelas empresas do projeto. Para Stoney e Winstanley (2001), os afiliados à visão marxista também rejeitariam a teoria dos *stakeholders* por encontrarem dificuldades em enxergar uma conciliação entre forças dialeticamente opostas. Segundo eles, os neoliberais, por reconhecerem um único *stakeholder* válido, também descartariam a teoria. Não por acaso, tanto a abordagem marxista quanto a neoliberal são rechaçadas pelos defensores da EdC. Tanto a EdC quanto a teoria dos *stakeholders* se mostram pluralistas, considerando válida e possível a conciliação entre interesses múltiplos, o que faz alguns pensarem EdC como a terceira via para o impasse entre capitalismo e socialismo.

Exemplificando uma vez mais o caráter unissonante dos membros da EdC, é possível mencionar as aprovações das contas da Espri nos dois congressos de São Paulo, e sempre por aclamação da platéia. Não ocorreram os questionamentos comuns às assembléias de acionistas.

Assim, as visões de Clarkson (1995) e de Donaldson e Preston (1995) de que a teoria dos *stakeholders* é uma ferramenta de análise facilitadora do mapeamento de diferentes interesses na organização não se encaixam com precisão na realidade observada. Se há diferenças de interesses entre os diversos atores das empresas estudadas, elas estão absorvidas pela orientação maior do projeto. Além disso, no âmbito interno de cada empresa, a última palavra pertence ao sócio-líder, que está próximo o bastante para arbitrar divergências e dispõe de poder definitivo sobre as partes. Os exemplos sobre dar ou negar, contratar ou demitir, respeitar ou transgredir estão presentes nas conversas presenciadas na Femaq ou na Prodiet.

Todavia é possível encontrar algo similar na literatura sobre teoria dos *stakeholders*. Para Gibson (2002), a consciência moral de uma organização é uma extensão da consciência de seus donos. Logo, é necessária uma liderança comprometida com este novo padrão de comportamento, ético e relacional, que rejeite a acumulação e que tenha condições de implementar sua visão. Será tal liderança que contratará e treinará os novos gestores que conduzirão a empresa pela nova via. De tão próxima do observado nas empresas visitadas, tal argumentação parece saída das páginas de um livro sobre EdC. A diferença estaria na heterogeneidade do grupo a ser transformado. Na EdC este grupo tem uma forma bem delineada e, até um certo ponto, padronizada, quando, na observação de Gibson (2002), isso não fica evidente. Para a EdC a teoria dos *stakeholders* explica muito, mas não tudo.

No desenho sugerido por Donaldson (Donaldson e Preston, 1995:183) com as três orientações da teoria, é factível supor alguma sobreposição nos três níveis, todavia com mais proximidade no núcleo normativo do que na casca descritiva como sugere a figura 1.

Figura 1
Composição da EdC em relação às três orientações da teoria dos *stakeholders*

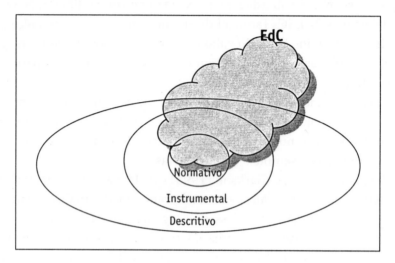

No que concerne à classificação de três dimensões proposta por Mitchell e colaboradores (1997) acerca dos tipos de *stakeholders*, parece-nos que a Providência se encontra na posição sete. Os funcionários estão na seis e os *stakeholders* externos variam de posição, conforme a situação de mercado da empresa. Tal representação está esquematizada na figura 2.

Figura 2
Tipos diferentes de *stakeholders*

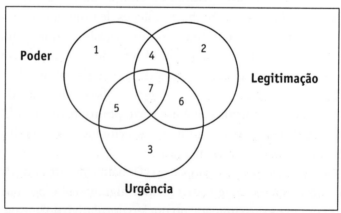

Fonte: Adaptado de Mitchell e colaboradores (1997:847).

Na comparação entre as obrigações morais de um gestor, conforme as propostas de Clarkson e colaboradores (1999), e o que foi encontrado na pesquisa, destaca-se a "riqueza relacional" da organização, que ambas enfatizam, visando estabelecer poderosos esforços colaborativos e emulando um ambiente familiar. Nos dois casos também é possível encontrar uma preocupação com o senso de justiça e com a comunicação aberta.

O quadro 3 compara as propostas dos *Clarkson principles* referentes ao papel do gestor na pespectiva da teoria dos *stakeholders* com a situação observada em EdC.

Quadro 3
Comparação entre as propostas dos *Clarkson principles* com a situação observada em EdC

Clarkson principles	Realidade de EdC
Os gerentes devem aceitar e monitorar as preocupações de todos os *stakeholders* legítimos, levando-as em conta em sua tomada de decisão.	A preocupação com os *stakeholders* quando da tomada de decisão é um fato. Todavia, quem são "todos" os *stakeholders* é um problema em aberto, bem como o peso que cada um recebe.
Os gerentes devem ouvir e comunicar-se abertamente com os *stakeholders* sobre suas preocupações e contribuições e sobre os riscos que correm em sua relação com a organização.	Isso foi verificado em todas as empresas, principalmente no que diz respeito aos *stakeholders* internos.
Os gerentes devem adotar processos e modos de comportamento que sejam sensíveis às preocupações e às capacidades dos grupos de *stakeholders*.	Isso fica evidente quanto ao comportamento gerencial, pois o líder na EdC necessita expor sua ação como modelo aos seus colaboradores
Os gerentes devem reconhecer a interdependência dos esforços e recompensas entre os *stakeholders*, e devem tentar alcançar uma distribuição justa de benefícios e encargos da atividade corporativa entre eles, levando em consideração seus riscos respectivos e suas vulnerabilidades.	Há uma preocupação com a justiça. No entanto, essa está atrelada às recomendações da EdC, e não é visível o grau de abertura para questionamentos dos funcionários, por exemplo, em relação à doação de parte dos lucros.
Os gerentes devem trabalhar de forma cooperativa com outras entidades, tanto públicas quanto privadas, para garantir que os riscos associados a atividades da organização sejam minimizados e, quando não puderem ser evitados, que sejam devidamente recompensados.	Isso foi particularmente visível na Femaq e na Policlínica Ágape. Na La Tunica e na Prodiet, talvez pela característica de mercado, isso não pôde ser verificado.

Continua

Clarkson principles	Realidade de EdC
Os gerentes devem evitar a todo custo atividades que possam agredir direitos humanos inalienáveis (por exemplo, o direito à vida) e devem impedir o aumento de riscos para os stakeholders.	Esse ponto é central na EdC. Na Policlínica Ágape houve depoimentos especificamente em relação a isso.
Os gerentes devem reconhecer os conflitos potenciais entre sua própria função como um stakeholder corporativo e suas responsabilidades legal e moral, visando os interesses dos stakeholders; tratar mais conflitos por intermédio de comunicação aberta, divulgação adequada e sistema de incentivo e, quando necessário, permitir a revisão de uma terceira parte.	Isso não foi verificado em nenhuma das empresas. A terceira parte na EdC normalmente é a Providência. Quanto à dicotomia vida empresarial/vida religiosa, aquela se submete a esta última, não sendo percebida por parte dos gestores uma ruptura. Em caso de dúvida, o Evangelho decide o que é correto.

Uma vez mais essa contraposição, sugere muita similaridade entre ambos, sem, contudo, haver perfeita sobreposição. A noção de que todos os *stakeholders* são atendidos igualmente, como também acredita Gerde (2000), e a permanente participação de terceiros na tomada de decisão são elementos que não se apresentam no cotidiano da EdC. Por outro lado, o aspecto religioso continua em aberto na teoria dos *stakeholders*.

Ainda no campo da atuação gerencial, a classificação de Carrol (1998b) sobre os três posicionamentos morais dos gestores, o imoral, o amoral e o moral, no caso da EdC, encaixa-se o tipo moral. Encontramos um tipo de gestor com fortes princípios éticos, capaz de agir para além das obrigações legais, comprometido com o humano, ainda que resulte em redução de lucros, e com foco no longo prazo. É o nível em que se anseia pela inclusão da discussão ética na administração de empresas. O depoimento de Henrique Leibholz quando diz que se está ensinando coisas erradas aos futuros gestores por não se estar tratando a questão humana de forma correta serve de exemplo para a argumentação de Carroll (1998b).

Uma última questão relativa à teoria dos *stakeholders*, lançada por Carrol (1991 e 1998c), Wilson (2003), Mitchell e colaboradores (1997) e outros, é a definição de quem é o *stakeholder*. Na perspectiva da EdC ela é ampla, podendo-se recorrer à fala de Chiara Lubich (2000) sobre amar os funcionários, os clientes, os fornecedores e os concorrentes para definir quem é *stakeholder*. E não se pode deixar de localizar a Providência, materializando-a, como um agente, nessa posição, pois tudo é feito em nome dela, que embasa e explica experiências do passado e do porvir. O que existe na teoria de mais próximo está em Frederick (1998), que menciona a possibilidade de uma responsabilidade social corporativa ampliada, a CSR4, constituída por cosmo, ciência e religião. É só neste momento que a teoria dos *stakeholders* e suas correlatas se aproximam da idéia de espiritualidade, essência motivadora do projeto de EdC.

A literatura sobre RSC e as práticas de EdC

Conforme observado em capítulo anterior, a discussão sobre *stakeholders* não pode ser dissociada do conceito de responsabilidade social corporativa e de balanço social. Alguns autores, como Wilson (2003), afirmam que os dois primeiros integram a sustentabilidade corporativa, amparados em forte base ética. Depoimentos nas empresas e nos congressos mostraram essa preocupação. Está presente também no *rainbow score*, apresentado no congresso de 2003, modelo com grande carga ética de busca de equilíbrio e de certa poesia em sua apresentação. Na metalinguagem que o atravessa, a sustentabilidade tem algo de natural, e o que é natural é ambiental, tem algo de ético, uma vez que, na natureza, todos os seres vivos têm seus espaços respeitados. Nas empresas abordadas, as ações ambientais e os prêmios da Femaq, as preocupações manifestas na Policlínica Ágape e na Prodiet confirmam a preocupação com o ambiente.

No grupo estudado estão presentes gestores familiarizados com o instrumental gerencial, e a inclusão de temas vinculados à sustentabilidade no cotidiano dessas empresas confere peso maior, pois está em um contexto empresarial competitivo. Mas a associação entre ética e sustentabilidade, nos termos da teoria de responsabilidade corporativa, não pode ser identificada na Policlínica Ágape e na La Tunica. Na Prodiet e, principalmente, na Femaq a ética se imiscui intensamente com a preocupação gerencial de ser sustentável sem esquecer o fator ambiental.

Podemos avaliar as quatro empresas estudadas a partir dos níveis de CSR apresentados por Frederick (1998), em que cada nível corresponde à seguinte descrição:

- CSR1 – a empresa deve ser socialmente responsável; ter responsabilidade;
- CSR2 – a empresa deve atender às necessidades sociais; ter responsividade;
- CSR3 – a empresa deve agir com integridade ética e moral; ter retidão;
- CSR4 – a empresa deve inserir o cosmo, a ciência e a religião em suas ações.

As evidências são suficientes para afirmar que as empresas de EdC estudadas são socialmente responsáveis por considerarem, em suas decisões, vários *stakeholders* e por não privilegiarem a acumulação de lucros em detrimento das relações que as envolvem.

Também podem ser classificadas como responsivas, pois agem ativamente na transformação social, embora tal ação provenha das diretrizes do projeto de EdC e do Movimento dos Focolares. A essência da responsividade nessas empresas estudadas, como nas que compareceram aos congressos, está na repartição dos lucros, na doação para os desfavorecidos e na vida em comunhão. Há ainda esforços localizados na ação ambiental da Femaq, na ajuda da La Tunica à comunidade em seu entorno e na solução da Policlínica Ágape para prover assistência médica aos necessitados que a procuram. Ações como essas constituem uma via de responsividade apoiada nos desígnios do movimento focolarino.

O quesito da retidão de conduta (nível CSR 3) dispensa nova avaliação pelas muitas evidências colhidas e anteriormente apresentadas.

No último nível da proposta de Frederick (1998), a religião é o elemento comum por definição. A ciência aparece em discursos de alguns empresários atentos ao universo científico e na busca por novas técnicas. E o cosmo, se associado à natureza e ao meio ambiente, também está representado através de exemplos já aqui relatados. Mas ambos, ciência e cosmo, não têm a mesma presença que a religião.

Cabe observar, no entanto, que nas quatro organizações, assim como nas demais tangenciadas pela pesquisa, é visível a preocupação em não posicionar a empresa como o centro das discussões. Lembrando Gareth Morgan em seu conhecido livro *Imagem das organizações*, não existe nessas empresas uma posição narcisista em que o ambiente é mera projeção da empresa. Ao contrário, a empresa é interpretada como um veículo de melhora do entorno, tanto do ponto de vista material, quanto espiritual. Isso é ponto central da CSR 4 e foi identificado em todas as empresas visitadas.

Os aspectos precedentes relativos ao modelo de Frederick (1998) podem ser repetidos em vários outros modelos similares.

O modelo de Prakash Sethi (1975) propõe três níveis de posicionamento empresarial, de acordo com as necessidades sociais que a empresa se candidata a atender. Todas as empresas de EdC estudadas vão além da mera obrigação legal, estabelecendo como patamar mínimo o atendimento de ações imbricadas com valores sociais. Este seria no nível intermediário de seu modelo, que tem acima o nível da responsividade, a ação proativa para as questões sociais de longo prazo. E tal posição acontece nas empresas de EdC como decorrência da orientação do movimento.

No modelo de Schwartz e Carrol (2003), com três dimensões em círculos que se interpenetram, reproduzido na figura 3, as empresas de EdC têm um posicionamento central.

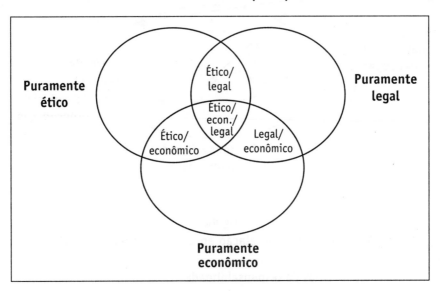

Figura 3
Posicionamento das empresas de EdC em relação ao modelo de Shwartz e Carroll (2003)

A pesquisa pôde constatar que, na EdC, entre a ética e a legalidade, prevalece a primeira e, entre a ética e o desempenho econômico, também a ética é priorizada, sendo correto supor que o peso da ética nas decisões é maior do que os demais. Há exemplos que respaldam essa conclusão na La Tunica, na Prodiet e na Ágape. Todavia não é possível dissociar a ética da religião, pois esta a embasa. Faltaria, então, nos três círculos propostos por Schwartz e Carrol (2003), uma dimensão espiritual, se o objetivo fosse explicar os processos e prioridades das empresas de EdC.

Estendendo este modelo para o sugerido por Enderle e Tavis (1998), o desenho representativo das empresas visitadas seria o apresentado na figura 4.

Por outro lado, no cubo de Carroll (1979), as empresas de EdC assumem compromissos além dos econômicos, sua delimitação de responsabilidade é ampla e sua postura diante dos desafios sociais é proativa. Nestes termos, essas organizações têm maior afastamento possível da origem, conforme a figura 5.

E, para concluir a análise pelo uso dos modelos sobre responsabilidade social corporativa, o quadro 4, proposto por Wood (1991a), que inclui princípios de responsabilidade social, processos de responsividade social e política,

Figura 4
Posicionamento das empresas de EdC em relação ao modelo de Enderle e Tavis (1998)

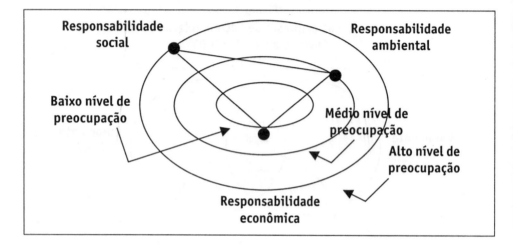

Figura 5
Posição da EdC em relação ao cubo de Carroll (1979)

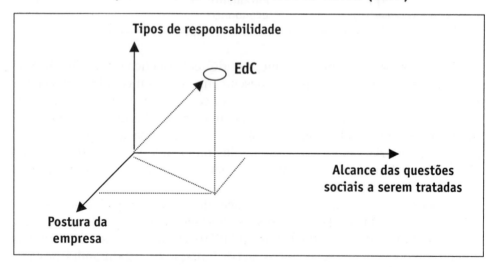

programas e produtos observáveis de uma organização de negócios, é apresentado a seguir para a realidade das quatro empresas de EdC estudadas. Ele fornece uma visão sintética das orientações que regem o comportamento das empresas de EdC, bem como o papel dos líderes na condução dos processos internos.

Quadro 4
Modelo de Wood (1991a) aplicado à realidade das empresas de EdC visitadas

Eixos	Descrição	Significado	Realidade da EdC
Princípios de RSC	Princípio institucional: legitimação da empresa	A sociedade legitima e dá poder às empresas	As empresas visitadas têm legitimação societal
	Princípio organizacional: responsabilidade pública	As empresas são responsáveis pelos impactos gerados por suas ações	As empresas visitadas manifestam explicitamente essa preocupação
	Princípio individual: ação gerencial	Os gerentes são atores morais	Os gerentes atuam como líderes, da mesma forma que as empresas são vistas como "cidades na colina"
Processos de CSR 2 (responsividade)	Preocupação ambiental	A responsividade é um conceito ecológico	Não foi identificada uma formalização dessas preocupações, com exceção da Femaq
	Gerenciamento dos *stakeholders*	Quem são os *stakeholders* e como a empresa lida com eles	O *stakeholder* principal é a Providência; os demais recebem tratamento de acordo com o Evangelho
	Questões gerenciais	Monitoramento de elementos internos e externos para que a empresa possa atender às demandas sociais	Não foi identificada representatividade em *board* de conselheiros
Resultantes do comportamento organizacional	Impactos sociais	Acompanhamento e avaliação dos resultados da ação	Não há registro de indicadores sociais já implantados. Há um embrião teórico, que é o *rainbow score*, ainda sem utilização ampla
	Programas sociais	Investimentos de recursos necessários para atender às demandas sociais	Os programas sociais são definidos pela central do movimento. As empresas não participam dessa escolha
	Políticas sociais	Guias para as tomadas de decisão gerenciais	Em um nível imediato, as diretrizes do movimento; em um nível profundo, o Evangelho

O que dizem os números

Dando continuidade ao exame da pesquisa, são mostrados aqui os resultados da análise quantitativa dos dados oferecidos pela *survey*, como também do comportamento relativo do desempenho das empresas estudadas, tomando como base o balanço social do Ibase.

Informações da *survey*

No estudo realizado, este tipo de levantamento foi utilizado como ferramenta adicional às entrevistas e observações realizadas nas quatro empresas, uma vez que o número limitado de respondentes (12) inviabiliza qualquer tentativa de generalização estatística. Mas o fato de ter ocorrido razoável proximidade nas respostas, mais percebida em alguns itens do que em outros, também deve ser levado em consideração. São apresentados a seguir os aspectos que merecem destaque na pontuação assinalada na escala de Likert pelos que responderam a todos os 10 quesitos da *survey*. Os comentários adicionados ao questionário já foram examinados em capítulo anterior.

O primeiro é a constatação de que todos os respondentes discordaram totalmente da afirmação de que tiveram problemas com os funcionários quando da implantação da EdC em suas empresas. Tal fato ganha substância pela percepção dos entrevistados acerca do processo relacional existente nas empresas, fato confirmado ao longo de todas as entrevistas, sem exceção. Esta é característica confirmada por todas as ferramentas de análise que trataram dos relacionamentos entre funcionários e patrões e dos funcionários com os ideais de EdC, mesmo no caso da Policlínica Ágape, com seu quadro peculiar de fornecedores médicos.

Associada a esse fato está a pergunta seguinte sobre a motivação dos funcionários. Se expurgado o caso de uma empresa, com nítida falta de critério em seu padrão de respostas, haveria um alto índice de adesão à idéia que a EdC motiva. Tal afirmação foi também verificada no levantamento qualitativo.

Por outro lado, há pouco consenso quanto à percepção de que a realidade EdC gera vantagem competitiva. Talvez isso se possa explicar pelas diferenças entre mercados de atuação. E tal explicação poderia se desdobrar para as duas questões seguintes, sobre os relacionamentos da empresa com fornecedores e com concorrentes. Em ambas houve pouca conformidade nas respostas.

Podemos identificar um padrão que congrega os três principais *stakeholders* externos: os clientes, os fornecedores e os concorrentes. O relacionamento com eles, ainda que favorecido pelas características da EdC, não é imune às realidades mercadológicas enfrentadas. A implementação da empresa sob a égide da EdC, outro quesito que também mostrou alta variabilidade nas respostas, e a pontuação próxima ao centro da escala também são afetadas pelas características do mercado. Essa causa ficou evidente a partir dos comentários feitos espontaneamente pelos respondentes.

Quanto à possibilidade de a experiência da EdC aceitar empreendedores não-religiosos há significativa comunhão de posições. Grande parte a vê como viável. Darlene Bonfim, da Policlínica Ágape, os irmãos Leibholz, da Femaq, e Armando Tortelli, da Prodiet, foram enfáticos ao afirmar que o importante é a pessoa ter preocupações sociais e "colocar o homem no centro". Essa frase foi ouvida em diferentes momentos, por diferentes pessoas, de diferentes níveis hierárquicos. Se essa inclusão de não-envolvidos com o Movimento dos Focolares o descaracterizaria ou não, pode ser objeto de controvérsia e merece olhar mais cuidadoso. Todavia a percepção dos que estão dentro do projeto é de que isso é possível, guardados os requisitos mencionados.

Vinculada a esta resposta está a que investiga se acionistas externos, desconectados da realidade EdC, poderiam ser incluídos no projeto sem desfigurá-lo. Aqui houve concordância menor na *survey* e nas entrevistas. A maior parte considerou possível, mas com ressalvas sobre o tipo de acionista a ser aceito. Boa parte das respostas apontou para uma solução do tipo "temos de sentar e conversar". Tal aceitação, em síntese, não é imediata e desprovida de ressalvas, ao contrário, houve reconhecimento dos perigos em se inserir estranhos ao projeto, motivados apenas pela remuneração do capital empregado.

Em suma, as respostas da *survey*, oriundas de empresas outras que não as diretamente estudadas, encontram eco nas observações de campo. Tal fato pode sugerir uma homogeneidade no grupo no que diz respeito a valores e visão de mundo, embora do ponto de vista do desempenho empresarial existam diferentes graus de evolução, conforme sugere o estudo de Almeida e Leitão (2003).

Os dados do balanço social

As tabelas aqui analisadas possibilitam confrontar o desempenho reportado pelas empresas de EdC estudadas, exclusive a La Tunica, com os limites dos indicadores do banco de dados do Ibase. O objetivo é verificar se existe diferença de posição de um grupo em relação a outro e se houve evolução dos indicadores entre os anos de 2001 e 2002, os últimos que antecederam a pesquisa.

No estudo original (Pinto, 2004) foram montadas tabelas para todas as empresas do banco de dados do Ibase e para as empresas com menos de 100 funcionários. Aqui estão reproduzidas apenas estas últimas, por seu porte mais próximo ao das empresas de EdC estudadas, embora os comentários possam, por vezes, abranger ambos os casos.

Nessas tabelas são apresentadas as informações de todos os itens de cada uma das frentes de análise, a ambiental, a interna e a externa, tanto em termos de percentuais em relação ao resultado operacional (%RO) para os indicadores ambientais e externos, quanto de percentual de folha de pagamento bruta (%FPB) para os indicadores internos. Tais comparações são parte do modelo do Ibase e, como tal, foram respeitadas.

Nas tabelas consolidadas, apresentadas a seguir, há também uma coluna de *outlier*, composta da equação $\mu 3\sigma$, sendo μ a média e σ o desvio-padrão. Este valor identifica o limite a partir do qual a probabilidade de ocorrência é menor ou igual a 0,13%, conforme orientam Freund e Simon (2000:357) para uma distribuição normal. Esta distribuição pode ser considerada pelo fato de o tamanho da amostra colhida ser significativo, ou seja, acima de 50.

Outro limite passível de uso é aquele sugerido por Tukey (1977), e também por Wild e Seber (1999), sobre os pontos denominados adjacentes, os *outsides*, e os *far outs*. Os primeiros estão no limite interno da equação 1,5 * (*H_spread*), denominada *step*, somada a Q_3, sendo *H_spread* a diferença entre o terceiro e o primeiro quartil e Q_3 o terceiro quartil da distribuição. Os *outsides* estão além desse limite, mas abaixo do segundo *step*. Em resumo, Tukey (1977:44) e Wild e Seber (1999:73) sugerem que:

$$\text{Limite}_{adjacente/outside} = (1{,}5 * (H\_spread) + Q_3) + 1{,}5 * (H\_spread)$$

$$\text{Limite}_{outside/far\ out} = (1{,}5 * (H\_spread) + Q_3) + 1{,}5 * (H\_spread)$$

Esta análise é útil na comparação entre as características de pontos isolados, no caso as empresas de EdC, contra um comportamento de determinado grupo de controle, no caso as empresas constantes do banco de dados do Ibase. De acordo com a posição dos indicadores das empresas de EdC contra os limites calculados nas tabelas adiante, é possível identificar se os desempenhos sociais expressos nesses indicadores superam significativamente os das demais empresas que publicaram esse balanço. Se estiverem além do limite de *outside*, podem ser consideradas fora do intervalo, ou não-típicas.

A seguir serão apresentados os indicadores das empresas de EdC visitadas, e os limites para estes indicadores, quando em comparação com as empresas do banco de dados do Ibase com até 100 funcionários. Além disso, serão demonstradas as medidas de tendência central e de dispersão deste grupo de empresas. Foram utilizados como parâmetros de comparação os limites de *outside*, *outlier* e *far out*, conforme a descrição anterior.

Indicadores sociais internos

As tabelas 2 a 5 mostram que os limites são extremamente elevados, quiçá inalcançáveis, por conta de uma grande variabilidade. Logo, talvez seja mais útil a comparação direta com as medidas de tendência e de variabilidade. Como pôde ser observado nas tabelas de desempenho social, todas as três empresas de EdC estão na média, ou pouco abaixo, quanto à alimentação, mas gastam muito mais em encargos sociais. Nos itens saúde, segurança no trabalho e participação nos lucros, a Femaq tem um desempenho muito acima da média das empresas de seu porte, ultrapassando, em muitos casos, o conjunto de empresas. De fato, especificamente no item segurança no trabalho, fica além do nível de *outlier* (3,63%) e de *far out* (1,35%). A Prodiet também supera esses índices para este indicador social, sendo que a alimentação também merece destaque nesta empresa e na Ágape. Nessa, há um diferencial nos gastos com saúde. No geral, a Femaq tem uma contribuição geral bem acima das médias de todas as empresas nacionais que reportaram ao Ibase, grandes ou pequenas.

Vale observar que em todos os casos das empresas de EdC estudadas, a educação e a capacitação dos funcionários ficam bem abaixo das empresas do Ibase, sejam elas grandes ou pequenas. No que se refere a este último, isso pode ser compreendido na Policlínica Ágape, pois os médicos já vêm preparados do mercado. Também é razoável que ocorra na Prodiet, uma vez que seu mercado é comoditizado, mas não era algo esperado para a Femaq, visto que ela necessita deste diferencial para sua sobrevivência. Este pode ser um erro de reporte, uma consideração particular do que signifique gasto com capacitação de mão-de-obra, ou outro fator não-identificado. Outra explicação possível é que a parte principal do treinamento é feita interna e informalmente, com funcionários antigos treinando funcionários novos e um consultor permanente. Nenhum dos tipos de treinamento tem seus custos computados nos gastos com educação.

De qualquer maneira, os valores distribuídos pelas três empresas para o Movimento dos Focolares, que também incluem a formação de um homem novo, não encontram espaço para serem reportados no modelo do Ibase, ou em qualquer outro balanço social existente. Deve ser lembrado que a formação desse "homem novo" transcende o simples treinamento técnico ou comportamental, tal como é habitualmente conduzido pelas empresas. Essa formação aponta para o desenvolvimento de sua cidadania, o que não é apreendido pelos indicadores à disposição. O mesmo poderia ser afirmado em relação à contribuição para os necessitados, por intermédio do movimento. Ambas as situações poderiam ter sido reportadas em "outros", mas as empresas optaram por não o fazer. Se tivessem seguido por esse caminho, seus números seriam significativamente mais elevados no indicador "total". Se tal opção é válida, visto que não afeta o entorno imediato das empresas, isso é outra questão.

Tabela 2
Indicadores sociais internos em relação à folha de pagamentos bruta, em 2001, das empresas de EdC visitadas (%)

Empresa	Alimentação	Encargos sociais	Previdência social	Saúde	Segurança no trabalho	Educação	Cultura	Capacitação profissional	Creche	Participação nos lucros	Outros	Total de indicadores internos
Femaq	4,9	44,6	0	10,5	9,1	0,7	0	0	0	5,1	0	74,9
Prodiet	7	21,6	0	0	7	0,2	0	1,1	0	0	0	37
Ágape	7,2	0	0	6	0	0	0	1,2	0	0	0	14,4

Tabela 3
Limites para indicadores sociais internos em relação à folha de pagamentos bruta, em 2001, em comparação com empresas do banco de dados Ibase com até 100 funcionários (%)

Limites	Alimentação	Encargos sociais	Previdência social	Saúde	Segurança no trabalho	Educação	Cultura	Capacitação profissional	Creche	Participação nos lucros	Outros	Total de indicadores internos
Outlier	29,97	57,64	11,21	13,76	3,63	4,63	4,03	8,75	1,64	159	19,14	180,36
Outside	19,49	50,14	9,65	12,83	1,35	3,16	4,75	6,84	1,68	9,59	6,42	109,94
Far out	28,7	66,63	15,44	19,38	2,01	4,83	7,6	10,22	2,68	15,34	9,96	158,42

Tabela 4
Medidas de tendência central e de dispersão para as empresas do banco de dados do Ibase com até 100 funcionários para indicadores internos no ano de 2001 (%)

Medidas	Alimentação	Encargos sociais	Previdência social	Saúde	Segurança no trabalho	Educação	Cultura	Capacitação profissional	Creche	Participação nos lucros	Outros	Total de indicadores internos
Média	8,39	26,04	2,22	4,23	0,76	1,14	0,88	2,53	0,38	2,91	3,17	53,25
Desvio-padrão	7,19	10,53	3	3,18	0,96	1,16	1,05	2,07	0,42	4,06	5,32	42,37
Mediana	5,82	29,22	0,21	3,25	0,51	0,75	0,36	2,37	0,25	1,09	0,99	42,69
Q1	4,14	22,65	0	1,92	0,25	0,39	0	1,2	0	0	0,52	29,14
Q3	10,28	33,65	3,86	6,28	0,69	1,5	1,9	3,46	0,67	3,84	2,88	61,46

Tabela 5
Indicadores referentes à percentagem em relação à FPB dos indicadores internos de todas as empresas constantes do banco de dados do Ibase no ano de 2001 (%)

Medidas	Alimentação	Encargos sociais	Previdência social	Saúde	Segurança no trabalho	Educação	Cultura	Capacitação profissional	Creche	Participação nos lucros	Outros	Total de indicadores internos
Média	7,1	31,98	4,93	5,27	1,61	1,17	0,31	1,72	1,52	6,2	4,49	59,52
Desvio-padrão	6,46	14,77	7,83	3,27	2,02	1,57	0,69	1,79	13,35	6,38	8,88	31,53
Mediana	5,36	31,88	2,8	4,84	0,94	0,61	0,02	1,09	0,11	4,46	2,07	56,39
Q1	3,5	22,93	0,13	2,82	0,27	0,22	0	0,51	0	1,37	0,81	41,05
Q3	8,63	37,28	6,35	6,99	2,29	1,49	0,24	2,21	0,43	8,41	4,46	69,94

Indicadores sociais externos

Nestes indicadores, que englobam educação, cultura, esporte, combate à fome e outros, há pouco a comparar, pois a Femaq e a Prodiet zeraram seus reportes, ou quase isso. A Policlínica Ágape não chegou a apresentar seus números em relação à receita operacional. Esse fato suscita consideração em dois pontos. O que mais chama atenção é a rubrica "combate à fome". Todas as empresas de EdC, e as três estudadas são exemplares, têm uma preocupação extrema com esse problema social. A própria motivação para o lançamento do projeto de EdC tem esse ponto como central. Daí não haver nenhum reporte de contribuição para combater a fome, o que indica que estas empresas têm seu próprio mecanismo, desconsiderando outros existentes. Os indicadores sociais desenhados por instituições que não guardem correlação com o Movimento dos Focolares ou com a EdC aparentemente não são objeto de apreciação pelas empresas visitadas.

A outra consideração a ser feita diz respeito ao trato dado aos indicadores do Ibase por parte dessas empresas. Seja por desconhecimento, seja por discordância, seria cabível incluir o montante entregue à sede do movimento, na Itália, como "combate à fome" ou, ao menos, como "outros". Curiosamente nenhuma das três empresas fez tal opção, como ocorreu com os indicadores internos. Se isso significa que estas empresas vêem nestas contribuições um outro nível de ação, não-capturável por uma estrutura conceitual tradicional, tal como a do Ibase, é um ponto em aberto. Também está por ser constatada a eficiência do *rainbow score* como instrumento capaz de aferir os esforços dessas empresas para agirem de forma socialmente responsável.

Tabela 6
Indicadores referentes à percentagem gasta com indicadores sociais em relação ao resultado operacional dos indicadores externos das empresas da EdC visitadas para o ano de 2001 (%)

Empresas	Educação	Cultura	Saúde e saneamento	Esporte	Combate à fome	Outros	Total de contribuição p/ a sociedade	Tributos (encargos sociais)	Total de indicadores externos
Femaq	0	0	0	0	0	0	0	0	0
Prodiet	0	0	0	0	0	-4,4	0	-1.469,4	-1.473,8
Ágape	Não informado	Não informado	Não informado	Não informado	Não informado	Não informado	Não informado	Não informado	Não informado

Tabela 7
Indicadores referentes aos limites de controle para a percentagem gasta com indicadores sociais em relação ao resultado operacional dos indicadores externos das empresas do Ibase com até 100 funcionários para o ano de 2001 (%)

Limites	Educação	Cultura	Saúde e saneamento	Esporte	Combate à fome	Outros	Total de contribuição para a sociedade	Tributos (encargos sociais)	Total de indicadores externos
Outlier	0,25	0,09	0,04	0,58	0,15	0,59	2,13	45,01	47,54
Outside	0,04	0	0	0,11	0,15	0,04	0,56	2,33	20,81
Far out	0,56	4,09	0,13	0,76	0,15	2,47	5,86	522,07	527,23

Tabela 8
Indicadores referentes à percentagem em relação ao resultado operacional dos indicadores externos das empresas constantes do banco de dados do Ibase com até 100 funcionários para o ano de 2001 (%)

Medidas	Educação	Cultura	Saúde e saneamento	Esporte	Combate à fome	Outros	Total de contribuição para a sociedade	Tributos (encargos sociais)	Total de indicadores externos
Média	-0,28	1,78	0,32	0,75	0,15	6,41	7,98	2.617,97	2.625,95
Desvio-padrão	4,87	2,19	0,58	0,98	-	13,46	14,54	8.048,46	8.050,68
Mediana	0,29	0,42	0,08	0,58	0,15	0,78	2,45	84,92	99,77
Q1	0,19	0	0	0,11	0,15	0,22	0,66	2,4	21,59
Q3	0,83	4,09	0,23	0,76	0,15	2,77	9,45	522,07	527,23

Tabela 9
Indicadores referentes à percentagem em relação à receita operacional dos indicadores externos de todas as empresas constantes do banco de dados do Ibase no ano de 2001 (%)

Medidas	Educação	Cultura	Saúde e saneamento	Esporte	Combate à fome	Outros	Total de contribuição para a sociedade	Tributos (encargos sociais)	Total de indicadores externos
Média	1,03	0,74	0,21	0,36	0,24	1,81	12,8	528,84	521,66
Desvio-padrão	4,79	1,66	0,56	3,77	1,05	6,26	138,29	3.107,89	3.055,39
Mediana	0,21	0,27	0,03	0,07	0	0,09	1,2	100,55	98,93
Q1	0,02	0	0	0	0	0	0,15	29,95	12,74
Q3	0,73	1,18	0,23	0,29	0,01	0,74	4,91	241,99	238,33

Indicadores ambientais

Se retiramos o limite de *outlier*, que se baseia no desvio-padrão, e aparece com um valor extremamente elevado para os demais limites, a Femaq se mostra como autêntica *far out*. Isso quer dizer que seu padrão de comportamento não pertence ao grupo com o qual ela está sendo comparada. No caso, seus resultados estão significativamente acima desses limites. As outras duas empresas não têm reporte para esta área, como é o caso da Ágape, ou seu dispêndio de recursos não foi digno de nota, como foi o caso da Prodiet.

Os valores anteriores só reforçam o identificado no decorrer das entrevistas e mostram a preocupação da Femaq com a questão ambiental. Os vários prêmios recebidos testemunham a favor dessa percepção. Já no que se refere à Policlínica Ágape, esta ênfase não foi observada nas entrevistas. Ou esses valores são erros de lançamento das informações, ou as entrevistas não conseguiram capturar essa preocupação da empresa. Para a Prodiet, nem as entrevistas nem as tabelas anteriores expõem preocupações ambientais mais relevantes, devendo-se considerar, todavia, sua condição de empresa distribuidora de medicamentos.

Tabela 10
Indicadores referentes à percentagem gasta com indicadores sociais em relação ao resultado operacional dos indicadores ambientais das empresas da EdC visitadas para o ano de 2001 (%)

Empresa	Investimentos relacionados com a produção/operação da empresa	Investimentos em programas ou projetos externos	Total dos investimentos em meio ambiente
Femaq	18,4	0	18,4
Prodiet	0	0	0
Ágape	Não informado	Não informado	Não informado

Tabela 11
Indicadores referentes aos limites de controle para a percentagem gasta com indicadores sociais em relação ao resultado operacional dos indicadores ambientais das empresas do banco de dados do Ibase com até 100 funcionários para o ano de 2001 (%)

Limites	Investimentos relacionados com a produção/operação da empresa	Investimentos em programas ou projetos externos	Total dos investimentos em meio ambiente
Outlier	12,6	3,66	9,73
Outside	2,18	2,21	2,9
Far out	3,48	3,54	4,64

Tabela 12
Indicadores referentes à percentagem em relação ao resultado operacional dos indicadores ambientais das empresas constantes do banco de dados do Ibase com até 100 funcionários para o ano de 2001 (%)

Medidas	Investimentos relacionados com a produção/operação da empresa	Investimentos em programas ou projetos externos	Total dos investimentos em meio ambiente
Média	-1,38	0,59	-0,22
Desvio-padrão	4,66	1,02	3,32
Mediana	0	0	0
Q1	0	0	0
Q3	0,87	0,89	1,16

Tabela 13
Indicadores referentes à percentagem em relação ao resultado operacional dos indicadores ambientais de todas as empresas constantes do banco de dados do Ibase no ano de 2001 (%)

Medidas	Investimentos relacionados com a produção/operação da empresa	Investimentos em programas ou projetos externos	Total dos investimentos em meio ambiente
Média	1,27	0,39	5,04
Desvio-padrão	14,01	1,71	29,21
Mediana	0,58	0,06	0,6
Q1	0	0	0
Q3	2,37	0,35	2,96

Primeiras conclusões

Apenas os extremamente sábios e os abissalmente ignorantes não mudam.
Confúcio

Vários pensadores falam do poder dilatado com que as grandes empresas afetam seu ambiente, o alcance planetário de suas manifestações e a responsabilidade de seu papel como sujeitos de transformação plena. Diante de um cenário complexo, cinzento e, por vezes, intimidante, surgiram muitas vozes apreensivas com o futuro próximo, preocupações que, por vezes, se voltam para reflexões teóricas, como a teoria dos *stakeholders* ou a responsabilidade social corporativa. Existem algumas experiências que buscam saída para tais apreensões, e a EdC é uma delas.

Este estudo identificou nas ações de EdC, representada por empresas líderes, significativa proximidade com as fundamentações da teoria dos *stakeholders* e da responsabilidade social corporativa. Ambas carregam uma visceral preocupação com as condições atuais do planeta e procuram emparelhar ética e competitividade.

A análise das quatro empresas mostrou que, apesar das características que as diferenciam, elas compartilham alguns padrões de comportamento. A importância conferida ao aspecto relacional é marcante, daí sua afinidade com a teoria dos *stakeholders*. Existe, de fato, nas empresas estudadas, uma clara ênfase no relacional, os chamados "bens relacionais", mencionados em vários depoimentos, em obras de autores vinculados ao Movimento dos Focolares, ou em palestras nos congressos de EdC. Indiscutivelmente existe uma orientação nesse sentido na dinâmica dessas organizações. É o ponto de maior afinidade entre a realidade EdC e os pressupostos do projeto de EdC e da teoria dos *stakeholders*.

A orientação mais freqüente entre os teóricos é a de que *stakeholders* são os funcionários, os compradores e fornecedores, além dos gerentes, parceiros que devem ser tratados com a mesma atenção e mecanismos capazes de representar seus interesses. Nas empresas estudadas existe uma inequívoca preocupação com o bem-estar dos "interessados", internos ou externos. Nas relações com os parceiros internos foram verificadas várias ações para a melhora dos relacionamentos interpessoais. Uma delas é a presença de lideranças participativas, atentas às necessidades dos funcionários, com grande capacidade para ouvi-los. É o que confere uma atmosfera familiar às empresas estudadas. A despeito de alguns problemas, já citados, nessa ambiência de família, uma comparação com o pressuposto da teoria permite acrescer uma clara presença de afeto nos intercâmbios pessoais.

A mesma atenção foi também notada nas relações com os parceiros externos. Vários foram os reportes nesse sentido, envolvendo diversos tipos de ajuda e a passagem obrigatória por práticas comerciais éticas. Este é outro forte ponto de contato entre a EdC e a teoria dos *stakeholders*. Manifestações de admiração foram comuns entre esses *players*, embora nem sempre tal força relacional signifique força mercadológica, o que dá um cunho normativo à visão de EdC.

A presença das lideranças é outra característica marcante nessas empresas. Como já observado, não existe nelas uma politização das decisões, no sentido de uma formal representatividade dos diversos parceiros no processo decisório. Provavelmente, pelas características dessas empresas, pequenas, familiares e centralizadas, seja quase impossível pensá-las sem a presença de um líder forte que chame para si a responsabilidade das decisões tomadas. Mas devem ser também lembrados a grande proximidade entre os funcionários e seus líderes, o maior acesso à informação e, por vezes, a presença de funcionários em decisões operacionais.

Existe em uma das empresas, a Femaq, a preocupação com relatórios de desempenho e a presença de grupos de funcionários deliberativos sobre práticas operacionais, relatados também por Gonçalves e Leitão (2001). Nessa empresa os funcionários participam das decisões operacionais em suas áreas de competência e são informados das decisões estratégicas nas assembléias. Mas em nenhuma delas existe um quadro formal de *stakeholders* para avaliar e opinar sobre rumos estratégicos ou, eventualmente, discordar sobre alguma recomendação inerente à EdC, só manifestações informais. O tipo de liderança dessas empresas inviabiliza uma regulação decisória tão abrangente.

O fato de todos serem considerados iguais, por outro lado, não impossibilitou que alguns funcionários tenham apontado falta de clareza nos critérios de concessão de benefícios. Mas esse é um fato não previsto da teoria dos *stakeholders*.

Outro ponto observado é a diferença entre a maior presença do tema meio ambiente na literatura sobre EdC e a teoria, e a presença menor nos depoimentos colhidos nas empresas, com exceção, novamente, da Femaq, certamente a que gera subprodutos mais agressivos ao ambiente e à sensibilidade dos donos sobre esse tema. Nas demais empresas, os resultados de sua atividade pouco ou nada representam nesse campo, justificando a menor atenção específica.

Também há diferenças na questão política, no trato das disputas entre interesses diversos. O fato de os funcionários e gestores serem, em parcela significativa, pertencentes ao Movimento dos Focolares, ou vinculados a uma organização religiosa, leva a um direcionamento supramundano, transcendente e eivado de boa vontade com o próximo. As eventuais discordâncias são arbitradas pelas diretrizes maiores do projeto ou do movimento, uma percepção hegemônica. Por isso a pouca presença dos sindicatos.

Se a ausência de formalização decisória abrangente e a inexistência de uma estrutura mediadora de visões divergentes são pontos que distanciam os comportamentos nas empresas estudadas – "a realidade EdC" – das orientações teóricas aqui utilizadas, existe outra questão relevante similar. É a presença daquilo que tratamos como um *stakeholder* intangível, inteiramente atípico nas práticas de negócios como nas teorias, que é a Providência Divina, chamada por alguns depoentes de "sócio invisível".

Este "sócio" tem um nítido caráter estratégico para os momentos difíceis, norteando as ações e as almas para resultados imprevisíveis, de forma a desequilibrar o peso dos atores que influenciam a empresa, enquanto a teoria dos *stakeholders* prevê equilíbrio. Mas para a EdC ele é, na realidade, o fator que perpassa, sustenta, sintetiza e viabiliza tudo o que existe, tanto no âmbito do real quanto no imaginário, e, portanto, é um fator de equilíbrio. Não há nada que corresponda a isso naquela teoria.

Esse é o aspecto que mais afasta a EdC da rede conceitual utilizada, a despeito de ambas terem pilares éticos fundados no respeito ao ser humano e na rejeição à acumulação de lucros como a finalidade última de todo negócio. Nem em EdC, nem na teoria dos *stakeholders* de viés normativo o ser humano pode ser visto apenas como meio; ambas procuram resgatar a qualidade dos relacionamentos, perdida no decorrer do modo de produção capitalista. A ênfase relacional verificada não se afasta da assertiva de Polanyi (2000:60), em que "a economia do homem, como regra, está submersa em suas relações sociais". Para os defensores da visão instrumental da teoria dos *stakeholders*, tal preocupação ética não é tão clara, embora também não a negue.

Na comparação do desempenho social das empresas estudadas também existem pontos importantes a serem ressaltados. De maneira geral, as três empresas nucleares da pesquisa têm performance superior às similares em tamanho do banco de dados do Ibase, principalmente se a comparação for feita em termos de folha de pagamento bruta e resultado operacional. Em alguns casos, como o investimento em meio ambiente da Femaq, esse percentual as coloca acima dos limites estatísticos para o conjunto das empresas daquele banco de dados.

Também é notável o fato de nem todos os indicadores terem bom desempenho, alguns de forma inexplicável, como é o caso da capacitação profissional. Isso denuncia a falta de equilíbrio na ação dessas empresas, nos termos do conceito de responsabilidade social, reforçando a idéia de que há uma verdade, *a priori*, que se sobrepõe a qualquer outra dimensão. A energia das empresas analisadas parece se concentrar no atendimento dessa prioridade; se houver espaço, outras questões poderão ser tratadas. Se existisse na teoria algum indicador capaz de medir desempenho vinculado à religião, certamente essas empresas estariam em *far out*, mas não há escala que avalie esse fator.

A figura 6 revela a ênfase encontrada nas empresas visitadas quanto às diversas dimensões tratadas pelas práticas observadas.

A figura 6 sugere que a dimensão religiosa é anterior e sustenta as demais. Destas, é o aspecto social, ou ético, o que recebe maior atenção, enquanto o financeiro e o ambiental têm peso menor. Esta última afirmação, todavia, depende da empresa em consideração. A utilização do *rainbow score* poderá alterar esse quadro no futuro, mas, certamente, sem tirar o caráter absoluto, substantivo, da Providência.

Figura 6
Relação entre as diversas dimensões tratadas pela EdC

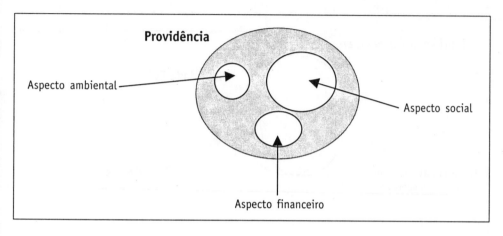

O que se depreende desse tipo de análise é que existe significativa proximidade entre as práticas de EdC e as recomendações da teoria dos *stakeholders*, mas sem uma sobreposição perfeita. Por um lado, falta nas empresas estudadas uma estrutura formal capaz de lidar com a diferença, além de existir uma percepção apoteótica de um elemento intangível que a tudo antecede. Por outro, não encontramos na teoria dos *stakeholders* uma merecida relevância para a questão da fé. Em alguns autores, a despeito das críticas, existe a miscigenação entre ética e filantropia, mas a questão religiosa, em si, não é apresentada.

Tal ausência não deve ser confundida com um niilismo moral, ou com uma testemunha a favor de um mundo sem Deus. A junção das duas propostas, EdC e teoria dos *stakeholders*, é possível em algum grau. Em outros termos, se há espaço para reconhecer na razão e no labor humano, os quais fundamentam o pensamento ocidental, uma capacidade para superar o obscurantismo intelectual contemporâneo, também não há motivo para que estes não sejam acompanhados por elementos espirituais não-mistificados.

O estudo realizado comprova existir, em essência, uma experiência efetiva no trato com os *stakeholders*, porque a qualidade está mais presente do que a quantidade, embora negativa quanto ao equilíbrio dado a todos os *stakeholders*. Também faltou a consolidação do aspecto formal, que permitiria o manuseio de divergências para um grupo maior e mais heterogêneo, a não ser em fase embrionária na Femaq e na Prodiet. Existe a proximidade na essência, mas um afastamento na forma, o que a figura 7 se propõe a ilustrar.

Figura 7
Relação entre a teoria dos *stakeholders* e a realidade das empresas de EdC

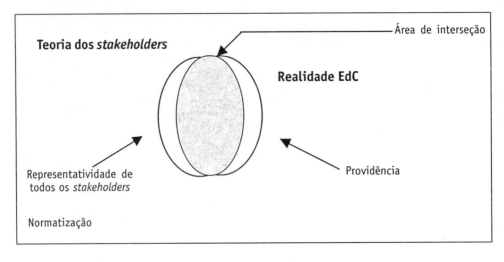

A EdC fornece vantagem competitiva?

O estudo foi feito com a intenção de descobrir se empresas brasileiras líderes do projeto de Economia de Comunhão, com um tipo de gestão fundado em um movimento social e espiritual, constituem uma experiência empresarial capaz de gerar diferencial competitivo. E a base teórica utilizada foi a teoria dos *stakeholders*, observadas suas vinculações com o conceito de responsabilidade social corporativa.

Ao discutir-se essa base teórica, foi exposta a separação entre as visões instrumental e normativa. É uma separação entre correntes divergentes e por vezes conflitantes, mas vã, pois é evidente que um aspecto influencia o outro diretamente. Não se pode pensar apenas substantivamente, e seria indesejável pensar apenas instrumentalmente qualquer ação administrativa. O mais razoável seria pensar em uma teoria dessa natureza como um bloco único, capaz de orientar uma organização a lidar de forma mais compreensiva com seu ambiente. É uma visão reducionista que devemos reconhecer.

A resposta à questão da vantagem competitiva não pode ser única. Para os aspectos internos, relativos aos funcionários, há uma indubitável motivação extra em todos os termos analisados. O fato de esses *stakeholders* serem religiosos, pertencentes ou não ao Movimento dos Focolares, é importante, mas não fundamental, como foi percebido nos médicos da Policlínica Ágape, por exemplo. Esses, agnósticos ou ateus, diziam-se mais motivados para realizar suas tarefas em razão do caráter social da empresa. Em outras empresas o mesmo ocorreu, o que nos obriga a uma resposta positiva àquela questão. Mesmo para os *stakeholders* externos, que sofrem outras pressões em suas decisões, tal postura foi identificada.

A controversa questão sobre a possibilidade de uma empresa não-evangélica enveredar pelos caminhos da EdC foi posta. Nas empresas estudadas existem padrões de comportamento vinculados à origem religiosa do grupo que se mostram importantes em sua dinâmica. O fato de a motivação não ser financeira, mas voltada para a transformação do mundo, requer um determinado perfil de *stakeholder*. Esse vínculo com a religiosidade, embora não seja uma condição necessária, é, sem dúvida, um facilitador para a coesão do grupo. Fora daí, ficará mais difícil manter a unicidade da cultura e a concentração de energias.

Tal alinhamento a ideais centrais mostra-se extremamente poderoso na produção de um diferencial competitivo. O controle é reduzido porque os funcionários ajustam os desvios de conduta; a socialização é facilitada, pois há uma liga comum; a ajuda mútua é estimulada e o grupo trabalha mais, pois se vê como numa cruzada missionária; a equipe é mantida, reduzindo a necessidade de treinamento e os riscos trazidos por novas contratações. A força gerada por essas características é inequívoca.

Menos evidente é a vantagem competitiva obtida externamente. A variação de mercados, produtos e serviços, assim como a ação de *players* mais ou menos poderosos, pressionando os compradores das empresas estudadas, misturam as cartas, e uma relação causal entre EdC e desempenho externo não fica tão evidente. A pesquisa de Brandalise (2003) sobre o lucro dessas empresas ante a média brasileira ratifica essa conclusão, pois também apresenta resultados contraditórios. Logo, uma resposta possível é a de que a qualidade dos relacionamentos com os clientes, fornecedores e, em alguns casos, com os concorrentes é reconhecidamente superior. A vantagem competitiva existe nos casos em que o mercado permite a emergência dessa superioridade. Onde as condições são nitidamente agressivas, esse diferencial não consegue beneficiar preços ou custos. O relacionamento continuará superior, mas não haverá lucros no curto prazo dele decorrente.

Se juntarmos os fatores internos aos externos, fica factível afirmar que a coesão e a motivação dos funcionários aumentam sua produtividade, e permite que os funcionários ajam como representantes da empresa ante os agentes externos, na medida em que percebem sua empresa como veículo de transformação paradigmática. Clientes e fornecedores percebem essa diferença e, sempre que possível, buscam estreitar a parceria. Conforme Motta (1986) e Pagès e colaboradores (1990), o sucesso na submissão interna aos objetivos da organização facilita a submissão externa do mercado, embora, nesse caso, não como fruto de hábil e instrumental exercício de poder.

Foi mencionada por autores próximos a EdC a existência de uma rede de sustentação mútua, formada pelo conjunto de empresas, que confere apoio mercadológico e operacional a cada uma delas. O que se pode observar é que essa rede não tem o alcance que imaginávamos. No grupo estudado, apesar de haver ajuda entre algumas organizações, esse comportamento se mostrou mais restrito. É uma vantagem competitiva, mas não percebida aqui como decisiva.

Quanto a outro aspecto central, a liderança, pode-se afirmar que ela opera de duas formas. Na primeira, oxigena as propostas da EdC, visto que o líder serve de exemplo de conduta e retira as ovelhas negras do processo. Tal procedimento é fundamental nos momentos de crise. Na segunda, tem caráter dúbio, quando se transforma em paternalismo e afeta a capacidade competitiva.

No conjunto dos aspectos examinados, é possível afirmar que existe um diferencial competitivo gerado pela forma como essas empresas operam. Isso é mais visível do ponto de vista interno, sem ser irrelevante na ação externa. Mas, para se alcançar esse estágio, é necessário cumprir alguns requisitos. O grupo deve, obrigatoriamente, ser sensível a aspectos humanos, seja por conta de sua formação profissional, seja por religião, ou outro qualquer. Além disso, a liderança deve viver a experiência concretamente. O grupo deve ver e sentir como verdadeiro o que lhe é falado. Isso só acontece com um gestor que acredite nesses padrões e esteja disposto a vivê-los integralmente. Nessa situação, em muitos casos, o gestor terá de abrir mão de lucros maiores ou mesmo maior estabilidade financeira em troca de benefícios intangíveis. Não obstante seja perfeitamente possível ter conforto pessoal, sem exageros, é uma condição necessária para que a proposta se viabilize. Não é possível implementá-la parcialmente, ou supor um uso instrumental dessas idéias.

Tal peculiaridade deve reduzir a capacidade de crescimento do projeto. Não por acaso este experimentou forte taxa de adesão em seus primórdios, mas agora o número de empresas oscila entre estabilidade e lento crescimento no Brasil e no mundo. A exigência daquele tipo de gerente dificulta novas iniciativas; os novos empreendedores de EdC estão freqüentemente vinculados ao Movimento dos Focolares. Se essa tendência se concretizar, a divulgação dessa iniciativa será limitada, embora mantenha mais facilmente fidelidade aos ideais originais.

Um conceito de economia de comunhão

O resultado deste estudo possibilitou também definir um conceito, oriundo do casamento entre EdC e teoria dos *stakeholders*, que reúne ambas as concepções.

Conforme a proposta de Lubich (2002b), a EdC deve ter quatro fundamentos: "sua finalidade é que não deve haver mais pobres no mundo; na EdC vive-se a cultura da partilha; deve-se formar um novo homem; devem existir cidades-faróis associadas a pólos industriais" (Lubich , 2002b:22). Segundo Rodolfo Leibholz, presidente da Espri, a EdC deve ter princípios, e não leis rígidas.

Por seu turno, os elementos fundamentais da teoria dos *stakeholders*, tomando-se por base aqueles autores que enfatizam seu aspecto normativo, apontam para uma ênfase relacional que vá além da mera acumulação de lucro, uma vez que reconhece em outros "interessados" o mesmo peso ético de que dispõem os proprietários de uma empresa.

A visão de Chiara Lubich, fundadora do movimento e do projeto, embute a história do Movimento dos Focolares e dele é indissociável. A existência de cidades-faróis, a formação de um novo homem, a vida em doação e amor, o testemunho de uma vida ligada aos Evangelhos só têm condições de viabilidade dentro do quadro existencial vinculado a sua origem, em Trento, durante a II Guerra Mundial. A proposta de EdC não pode se afastar de suas origens nem ser modificada por ser um ideal inalienável.

A idéia de uma gestão ética, preocupada com um relacionamento amplo, mostra-se possível a partir, entre outras experiências, da prática da EdC. A despeito dos incrédulos, é possível viver, mesmo em mercados hostis, sem ceder às facilidades do suborno, sem explorar funcionários, na caça a uma mais-valia insana, e sem utilizar o poder de barganha para agredir os que poderiam ser parceiros. Se isso é correto, é possível conceituar uma empresa socialmente responsável que mescle elementos das duas orientações tratadas nesta pesquisa.

Esta organização:

- tem uma preocupação ampla e equilibrada com os *stakeholders* mais próximos, principalmente com os funcionários, com os clientes, com os fornecedores, com os concorrentes e com os órgãos de classe;

- dispõe de mecanismos formais ou informais, capazes de incluir os *stakeholders* internos na tomada de decisão, visto que eles podem atuar livres de coação;
- encontra capacidade de auto-organização;
- estimula a proximidade dos gestores-líderes com o processo produtivo;
- percebe na espiritualidade de seus membros a mesma validade que confere a sua saúde física e mental;
- busca construir redes de relacionamentos para consolidar aspectos mercadológicos e formais, aumentando o potencial de sobrevivência;
- exige uma atuação que atenda aos melhores padrões mercadológicos existentes em um determinado segmento, em um determinado momento histórico.

Além disso, esta organização:

- não busca lucros máximos e acumulação;
- não exige de seus *stakeholders* comportamentos associados a um padrão ideológico ou religioso;
- não reduz as suas ações aos ditames legais;
- não prioriza a visão do acionista.

Tais tópicos consolidam as propostas da EdC em conjunto com a estrutura teórica da teoria dos *stakeholders*, viabilizando uma conceituação de EdC que pode ser definida nos seguintes termos: "um conjunto de empresas capitalistas que priorizam a manutenção de relacionamentos amplos e sem constrangimentos com seus acionistas, funcionários, concorrentes e fornecedores, tratando-os de forma potencialmente equilibrada, sem rejeitar suas participações na decisão estratégica. Substituem a perseguição da acumulação de capital pela busca de saúde física, mental, espiritual e ambiental de seus *stakeholders*, a curto e a longo prazos".

Este estudo, tal como o de Brandalise (2003), para o caso brasileiro, demonstra que essas empresas são tão viáveis como desejáveis ao país. As evidências levantadas sugerem que estamos diante de uma ação transformadora, de empresas de mudança, capazes de quebrar o paradigma vigente e a ideologia que lhe dá sustentação. Deve-se lembrar que o período desses estudos se caracterizou mais por estagnação do que por crescimento econômico, favorecendo o desaparecimento de empresas pouco eficientes. A década de 1990, que abrigou a criação e o desenvolvimento do projeto de EdC, mostrou um acanhado crescimento do Produto Interno Bruto (PIB) brasileiro, com períodos de retração econômica. Tal fato aumenta a importância das capacidades gerencial e competitiva dessas empresas.

Primeiras conclusões

Ainda que a origem da EdC esteja vinculada ao Movimento dos Focolares e esse à religião cristã, não foi identificado no estudo de campo qualquer rejeição à filiação de empresas sem orientação religiosa. Na realidade, na convenção internacional de EdC, em Castelgandolfo, ocorreram referências à expansão do projeto entre empresas vinculadas a outras religiões ou sem qualquer crença religiosa.

Naturalmente que a expansão do projeto a outros credos pode implicar dificuldades de ajustes a padrões culturais distintos, mas há os que entendem que o projeto está preparado para correr os riscos inerentes ao crescimento.

O estudo demonstrou também existir compatibilidade entre os enfoques teóricos utilizados – teoria dos *stakeholders*, responsabilidade social corporativa e balanço social – e as práticas das empresas de EdC. Todos têm dois pontos comuns: ética nos negócios e competitividade. Tudo o que gira em torno dessas redes conceituais tem a ver com esses dois tópicos, como também a prática das empresas estudadas. Teorias e prática se afinam, embora não se possa afirmar que a questão dos relacionamentos, veículo para a materialização da ética nas empresas de EdC, esteja esgotada naquelas teorias. Mas elas são os enfoques teóricos atualmente disponíveis.

O estudo permitiu identificar algumas deficiências na utilização desses enfoques teóricos. No caso do balanço social, a medição usualmente difundida não consegue captar todas as dimensões da vida de uma empresa de EdC. A doação é um ponto em aberto, tanto no balanço quanto na RSC. Na teoria dos *stakeholders* também há limitações, porque ela não pode contemplar o que podemos situar como um "fator motivacional", a Providência Divina, típico desse projeto, e que seria o papel da consciência transcendente na ação de seus gestores. Mas, sem dúvida, para uma primeira abordagem da questão dos relacionamentos, o ferramental teórico mostrou-se adequado.

O banco de dados do Ibase também merece alguns comentários. O número de empresas nele existente não é o ideal, pois um grupo com menos de 200 empresas, em relação às mais de 5 milhões existentes no país, pode ser considerado pequeno. E desse grupo menos de 30 têm até 100 funcionários, condição em que se encontram todas as empresas de EdC no Brasil. Tal dado sugere a pouca preocupação das empresas brasileiras com a responsabilidade social e seu relaxamento na divulgação do balanço social.

Entretanto, este é o maior banco de dados existente no Brasil, que pode ser livremente acessado e, portanto, disponível para comparações nesse campo. Além disso, os indicadores da estrutura de reporte do Ibase são abrangentes e captam quase todas as dimensões tratadas pela teoria dos st*akeholders* e suas correlatas, o que expõe amplamente a empresa sob análise. A existência de um histórico de balanços, por outro lado, facilita acompanhar a evolução do desempenho das empresas.

Conclusões segundas

> *O Homo faber, por não passar de um fabricante de coisas, e por pensar somente em termos dos meios e fins que decorrem diretamente de sua atividade de trabalho, é incapaz de compreender o significado do que faz. Ele perdeu a capacidade de distinguir meios e fins.*
>
> Hannah Arendt

Nenhum trabalho, científico ou não, pode se dar ao luxo de afirmar ter chegado a uma conclusão definitiva. Demo (2001) lembra aos positivistas ortodoxos, que costumam atribuir à ciência tal pretensão, que o papel da ciência é exatamente o de se contradizer de tempos em tempos, de estar se reconstruindo em busca da tarefa infindável do conhecer. Por conseguinte, este livro, apesar de suas próprias limitações, não poderia ser conclusivo, sobretudo quando se trata de uma experiência relativamente recente, de 13 anos, com empresas que resolveram buscar uma nova filosofia de negócios inspiradas na mensagem de uma líder carismática e nas convicções de seus gestores. Esta obra é uma fotografia de um momento histórico de um grupo de empresas do projeto de EdC e tem a pretensão de ter se aproximado de suas realidades. A experiência de EdC está em permanente evolução e não se esgota na posição das empresas aqui identificadas como integrantes de sua liderança.

Tais empresas também não constituem uma experiência isolada, como já observamos anteriormente. Elas se enquadram num esforço mais amplo, buscado por outras experiências chamadas de economia solidária (Singer e Souza, 2000) ou administração renovada (Aktouf, 1996), de organizações substantivas (Serva, 1997) ou, ainda, em outros movimentos menores de orientação cristã. A EdC poderia se enquadrar em qualquer um desses títulos, diferenciada por um incomum apego a uma visão espiritual do mundo.

O relevante é que existem várias outras tentativas para se encontrar um terceiro caminho; múltiplos empresários que consideram ser o lucro necessário, bom, sábio até, mas não sua acumulação nas mãos de poucos empresários adeptos de um capitalismo distributivo.

Este livro mostrou uma dessas tentativas, embora deixe muitas questões em aberto, que fogem a seu objetivo imediato, e algumas que ainda não podem ser respondidas. Pode-se apenas especular sobre elas.

Até o presente momento, e do ponto de vista teórico, a experiência das empresas brasileiras do projeto de EdC está demonstrando uma prática que remete ao reexame de alguns aspectos de diversas teorias organizacionais. Ao longo do texto podem ser percebidas, de forma direta, implicações relativas a teorias sobre mudança, motivação, comunicação, liderança, decisão, cultura organizacional e relações ambientais. De forma não tão explícita, podem ser percebidas implicações das formas de ação daquelas empresas sobre teorias acerca de papéis, grupos, aprendizagem, estrutura organizacional, institucionalização e outras abordagens dos estudos organizacionais. Além do que já foi sugerido, essas empresas podem trazer uma nova compreensão da questão dos relacionamentos tanto interpessoais quanto interinstitucionais.

Dito em termos simples, a experiência da EdC tem potencial para impregnar de humanismo teorias de orientação estrutural-funcionalista ou funcional-sistêmica, conforme a tipologia ou autor adotado, que muito pouco espaço dedicam às ações dos indivíduos, das pessoas, porque estão mais focadas nos processos, técnicas ou sistemas, em que o homem surge como meio ou função em um sistema de valores dominados por uma razão predominantemente econômica e técnica.

Talvez fosse mais condizente afirmar que suas práticas podem alimentar os trabalhos teóricos já comprometidos com uma visão humanizada da empresa, corrente em expansão no campo dos estudos organizacionais. E talvez a primeira grande contribuição seja para uma nova "teoria dos relacionamentos".

A experiência dessas empresas está trazendo à tona a submersa importância do sujeito para a prática e para a teoria sobre organizações, reativando a esquecida importância da dimensão pessoal – entendida aqui a pessoa como ser coletivo que é (Maturana, 2001) – com potencial para substituir a dominante visão tecnicista e economicista da vida coletiva, já denunciada por diversos autores da emergente corrente humanista da teoria organizacional. E isso porque o desconhecimento da pessoa torna inviável o conhecimento completo da gestão de empresas, submetendo-a a uma míope visão "engenheiral" da condução dos negócios. A administração de empresas tornou-se, há muito, um campo de tecnólogos, enquanto crescem as pressões para uma visão interdisciplinar em todas as áreas do conhecimento humano.

Tal experiência está trazendo à discussão mais particularmente a presença de uma dimensão transpessoal dos indivíduos que operam o dia-a-dia das empresas. Uma visão totalmente desprezada pelas teorias tradicionais e restritas a uns poucos pesquisadores, como Gustavsson, Hawkins, Beichler e Barus, preocupados em investigar os aspectos que transcendem a consciência empírica, admitindo que a visão materialista não é a única, ou não é a abordagem correta para a vida como para o mundo da gestão de empresas (Leitão e Rousseau, 2004). Ou, ainda, pesquisadores preocupados com o poder pastoral no âmbito dos negócios, como Bell e Taylor (2003). São trabalhos pioneiros aos quais o projeto de EdC poderá fornecer bom material de pesquisa.

Parece evidente que a experiência de EdC vai municiar os pesquisadores orientados para uma visão humanista da mudança, do conhecimento e da aprendizagem organizacional, dimensões ontologicamente integradas, mas que vêm sendo, com raras exceções, tratadas isoladamente e numa perspectiva puramente técnica (Leitão e Machado, 2004; Freitas e Leitão, 2004). E vai revirar também muitas das teorias sobre motivação.

O foco dessas empresas é absolutamente incomum, tido secularmente como impróprio ao mundo dos negócios, e, no entanto, funciona, dá resultados em termos econômico-financeiros e socioambientais. Isso tem grande atratividade para os formuladores de teorias, descomprometidos com a ideologia vigente, porque denuncia um mito já em início de fragmentação.

A "realidade EdC" é uma visão de mundo e, como todas elas, é parcial. Mas não podemos deixar de admitir que é uma perspectiva privilegiada, razão por que muitos não-cristãos estão sendo cooptados. É um projeto de grande atratividade, com potencial para envolver os que ainda não perderam a esperança por um mundo mais humanizado e os que pensam que perderam, mas ainda podem recuperá-la.

Logicamente, também porque somos humanos, existem os incrédulos e os detratores adeptos ou conformados com o *establishment*, mas o projeto de EdC deve reacender os debates sobre uma nova economia de mercado.

Finalmente, é preciso relembrar que as empresas estudadas estão entre as consideradas líderes do projeto de EdC, por diversos observadores, mas que existem dezenas delas ainda em processo de transformação, buscando a mesma proximidade com os ideais de EdC que as aqui estudadas alcançaram (Almeida e Leitão, 2003). Enfrentam as tradicionais resistências à mudança, e seu sucesso quanto ao alcance das metas de EdC não é garantido. Já ocorreram baixas nos registros do escritório central do projeto, no Brasil, as quais, por falta de estatísticas, não podemos atribuir à ineficiência administrativa ou a desistências em continuar no projeto. Podem advir, inclusive, dos dois motivos. Afinal, nunca foi dito que, para se filiar à economia de comunhão, não é necessário ter boa capacidade de gestão. Na realidade, ela exige do gestor eficiência, eficácia, efetividade e relevância, entendida a penúltima como capacidade de satisfazer as necessidades de seu público interno, e, a última, como capacidade de atender as necessidades do público externo e do ambiente. São dois indicadores de desempenho bem pouco conhecidos nos meios administrativos. E, no caso brasileiro, a habilidade, dentro de princípios éticos, para ultrapassar as dificuldades que assolam as pequenas e médias empresas.

Em síntese, economia de comunhão é um projeto ainda em plena evolução, com práticas de gestão incomuns à maioria das empresas, e seu futuro ainda está por ser determinado. Existem os que acreditam ser sua sobrevivência e expansão inexoráveis e os que duvidam de suas possibilidades. Há também os que acreditam na sua grande potencialidade para transformar o planeta. Nós, os autores deste livro, situamo-nos nesta última crença, mas a divididos em duas posições: a primeiro torce, e a segunda reza para que tal venha a se tornar um fato. É possível que a próxima geração venha a conhecer seus resultados.

Bibliografia

ABIFA (Associação Brasileira das Indústrias de Fundição). *Dados gerais das indústrias de fundição*. Disponível em: <www.abifa.org.br>. Acesso em: 10 mar. 2004.

ACKERMAN, R. *The social challenge to business*. London: Harvard University Press, 1975.

ADORNO, T.; HORKHEIMER, M. *Dialética do esclarecimento*. Rio de Janeiro: Jorge Zahar Editora, 1994.

AGUILAR, F. *A ética nas empresas*. Rio de Janeiro: Jorge Zahar Editora, 1996.

AKTOUF, O. *Administração entre a tradição e a renovação*. São Paulo: Atlas, 1996.

ALMEIDA, M. A.; LEITÃO, S. P. Empresas de economia de comunhão e razão substantiva. *Revista de Administração Pública*, v. 37, n. 6, 2003.

ANDERSON, J. Social responsibility and the corporation. *Business Horizons*, v. 29, n. 4, 1986.

_____. Can social responsibility be handled as a corporate investment? *Business Horizons*, v. 30, n. 2, 1987.

ARAGÃO, L. M. *Social crítica em Jürgen Habermas*. Rio de Janeiro: Tempo Brasileiro, 1997.

ARAÚJO, V. Economia de comunhão e comportamentos sociais. In: COSTA, R. et al. *Economia de comunhão*. São Paulo: Cidade Nova, 1998.

_____. *A cultura da partilha e a comunhão como dimensões da economia*. São Paulo: Cidade Nova, 2002.

ARENDT, H. *A condição humana*. Rio de Janeiro: Forense Universitária, 1995.

BARBOSA, R. *Habermas e adorno*: dialética da reconciliação. Rio de Janeiro: Uapê, 1996.

BARRY, N. The stakeholder concept of corporate control is illogical and impractical. *Independent Review*, v. 6, n. 12, p. 541, 2002.

BELL, E.; TAYLOR, S. The elevation of work: postural power and the new age work ethic. *Organization Articles*, v. 10, n. 2, London: Sage, 2003.

BERMAN, S. et al. Does stakeholder orientation matter? The relationship between stakeholder management models and firm financial performance. *Academy of Management Journal*, v. 42, n. 5, p. 488-506, 1999.

BERRY, L.; PARASURAMAN, A. *Marketing services*. NY: The Free Press, 1991.

BIELA, A. Uma revolução "copernicana" para as ciências sociais In: COSTA, R. et al. *Economia de comunhão*. Vargem Grande Paulista: Cidade Nova, 1998.

BLAKE, R.; MOUTON, J. *Leadership dilemmas*: grid solutions. Houston: Gulf Publishing Company, 1991.

BLEGER, J. *Psicologia da conduta*. Porto Alegre: Artes Médicas, 1984.

BRANDALISE, L. A. *A finalidade do lucro para as empresas de economia de comunhão*. 2003. Tese (Doutorado) – Faculdade de Economia, Administração e Contabilidade, Universidade de São Paulo, São Paulo, 2003.

BRUNI, L. Rumo a uma racionalidade econômica capaz de comunhão. In: BRUNI, L. (Org.). *Economia de comunhão*. Vargem Grande Paulista: Cidade Nova, 2002.

BURCKART, H. Desenvolvimento sustentável e gerenciamento empresarial: elementos para um novo paradigma de gestão In: BRUNI, L. (Org.). *Economia de comunhão*. Vargem Grande Paulista: Cidade Nova, 2002.

BURKE, L.; LOGSDON, J. How corporate responsibility pays off? *Long-Range Planning*, v. 29, n. 4, p. 495-502, 1996.

BURREL, G.; MORGAN, G. *Sociological paradigms and organizational analysis*. London: Heinemann Educational Books, 1979.

Bibliografia

CALLIARI, G. O projeto de economia de comunhão: acenos sobre a origem, o desenvolvimento e algumas repercussões. In: BARAÚNA, Márcia (Coord.). *Economia de comunhão e movimento econômico*: desenvolvimento e perspectivas. Vargem Grande Paulista: Cidade Nova, 2000.

CAPRA, F. *A teia da vida*. São Paulo: Cultrix, 1996.

_____. *Conexões ocultas*. São Paulo: Cultrix, 2002.

CARROLL, A. A three-dimensional conceptual model of corporate performance. *Academy of Management Review*, v. 34, n. 4, p. 497-505, 1979.

_____. The pyramid of corporate social responsibility: towards the moral management of organizational stakeholders. *Business Horizons*, v. 34, n. 4, (10), p. 39, 1991.

_____. Stakeholder thinking in three models of management morality: a perspective with strategic implications. In: CLARKSON, M. (Ed.). *The corporation and its stakeholders*. Toronto: University of Toronto Press, 1998a.

_____. The four faces of corporate citizenship. *Business & Society Review*, n. 100, p. 1-8, 1998b.

_____. Understanding stakeholder thinking: themes from a finnish conference. In: CLARKSON, M. (Ed.). *The corporation and its stakeholders*. Toronto: University of Toronto Press, 1998c.

CASTELLS, M. *Fim de milênio*. São Paulo: Paz e Terra, 1999a.

_____. *O poder da identidade*. São Paulo: Paz e Terra, 1999b.

_____. *A sociedade em rede*. São Paulo: Paz e Terra, 1999c.

CHANLAT, J. *O indivíduo nas organizações*: dimensões esquecidas. São Paulo: Atlas, 1991. v. I, II e III.

CHAPPELL, T. *The soul of a business*. New York: Bantam Books, 1993.

CHRYSSIDES, G.; KALER, J. *An introduction to business ethics*. London: Chapman & Hall, 1993.

CIMA, L.; SCHUBECK, T. Self-Interest, love and economic justice: a dialogue between classical economic liberalism and catholic social teaching. *Journal of Business Ethics*, v. 30, p. 213-231, 2001.

CLARK, M. From The changing basis of economic responsibility. In: CLARKSON, M. (Ed.). *The corporation and its stakeholders*. Toronto: University of Toronto Press, 1998.

CLARKSON, M. A stakeholder framework for analyzing and evaluating corporate social performance. *Academy of Management Review*, v. 20, n. 1, 1995.

_____. et al. *Principles of stakeholder management*. Toronto: Clarkson Center for Business Ethics, 1999.

CORNWALL, J.; NAUGHTON, M. Who is the good entrepreneur? An exploration within Catholic social tradition. *Journal of Business Ethics*, v. 44, n. 1, p. 61, 2003.

COSTA, R. et al. *Economia de comunhão*. São Paulo: Cidade Nova, 1998.

COURI, S. *Liberalismo e societalismo*. Brasília: UnB, 2001.

CRAGG, W. Business ethics and stakeholder theory. *Business Ethics Quarterly*, v. 12, n. 2, p. 113-142, 2002.

CREMA, R. Abordagem holística: integração do método analítico e sintético. In: BRANDÃO, D. M.; CREMA, R. (Orgs.). *O novo paradigma holístico*. São Paulo: Summos Editorial, 1991.

CURTI, N.; MARTINO, C. O pólo Spartaco no Brasil da esperança. *Suplemento da Revista Cidade Nova*, São Paulo: Cidade Nova, ano IX, n. 2, 2003. (Suplemento 17).

DEMO, P. *Introdução à metodologia da ciência*. São Paulo: Atlas, 1985.

_____. *Conhecimento moderno*: sobre a ética e a intervenção do conhecimento. Rio de Janeiro: Vozes, 1997.

_____. *Conhecimento moderno*. Petrópolis: Vozes, 2001.

DODD, M. For whom are corporate managers trustees? In: CLARKSON, Max (Ed.). *The corporation and its stakeholders*. Toronto: University of Toronto Press, 1998.

DONALDSON, T; PRESTON, L. The stakeholder theory of the corporation: concepts, evidence and implications. *Academy of Management Review*, v. 20, n. 1, 1995.

ECONOMIA DE COMUNHÃO: uma nova cultura. *Cidade Nova*. São Paulo: Cidade Nova, ano 1, n. 1, maio 1994. Suplemento, p. 3.

ENDERLE, G.; TAVIS, L. A balanced concept of the firm and the measurement of its long-term planning and performance. *Journal of Business Ethics*, v. 17, n. 11, p. 1129-1144, 1998.

FERRUCI, A. Considerações sobre a economia de comunhão. In: COSTA, R. et al. *Economia de comunhão*. São Paulo: Cidade Nova, 1998.

_____. Diálogo com os leitores. *Revista Cidade Nova*. São Paulo: Cidade Nova, ano VI, n. 1, 2000. (Suplemento 12).

FISCHER, R. M; FALCONER, A. P. Voluntariado empresarial: estratégias de empresas no Brasil. *Revista de Administração*, v. 36, n. 3, p. 15-27, 2001.

FITTIPALDI, S. When doing the right thing provides a pay-off. *Global Finance*, Jan. 2004.

FRANÇA, G. de; DZIMIRA, S. Economia solidária e dádiva. *Organização e Sociedade*, v. 6, n. 14, p. 141-142, 1999.

FRANÇA FILHO, G. Novos arranjos organizacionais possíveis? O fenômeno da economia solidária em questão (precisões e complementos). *Organização e Sociedade*. v. 8, n. 20, p. 125-137, 2001.

FREDERICK, W. Toward CSR3: why ethical analysis is indispensable and unavoidable in corporate affairs? *California Management Review*, v. XXVIII, n. 2, p. 126-141, 1986.

_____. From CSR1 to CSR2. *Business and Society*, v. 33, n. 2, p. 150-167, 1994.

_____. Moving to CSR4: what to pack for the trip. *Business and Society*, v. 37, n. 1, p. 40-59, 1998.

FREEMAN, R. *Strategic management*: a stakeholder approach. Boston: Pitman, 1984.

_____. The politics of stakeholder theory: some future directions. *Business Ethics Quarterly*, v. 4, n. 4, p. 409-421, 1994.

_____. Response to divergent stakeholder theory. *Academy Management Review*, v. 24, n. 2, (4), p. 233, 1999.

_____; REED, D. Stockholders and stakeholders: a new perspective on corporate governance. *California Management Review*, v. XXV, n. 3, p. 88-106, 1983.

FREITAS, J. A. S.; LEITÃO, S. P. Em busca de uma abordagem integrativa de conhecimento organizacional. *Organização e Sociedade*, v. II, n. 20, 2004.

FREUND, J.; SIMON, G. *Estatística aplicada*: economia, administração e contabilidade. 9 ed. Porto Alegre: Bookman, 2000.

FRIEDMAN, A.; MILES, S. Developing stakeholding theory. *Journal of Management Studies*, v. 39, n. 1, p. 1-21, 2002.

FRIEDMAN, M. The social responsibility of business is to increase its profits. *New York Times Magazine*, 1970.

GARAY, A. B. Programa de voluntariado empresarial: modismo ou elemento estratégico para as organizações. *Revista de Administração*, v. 36, n. 3, p. 6-14, 2001.

GERDE, V. Stakeholders and organization design: an empirical test of corporate social performance. In: LOGSDON et al. (Eds.). *Research in stakeholder theory*: the sloan foundation minigrant project. Toronto: The Clarkson Center for Business Ethics, 2000.

GIBSON, K. The moral basis of stakeholder theory. *Journal of Business Ethics*, v. 26, n. 3, p. 245-257, 2002.

GOLD, L. Abrindo espaço para uma nova visão econômica: redes locais-globais de comunhão In: BARAÚNA, M. (Org.). In: BUREAU INTERNACIONAL DA ECONOMIA DE COMUNHÃO, *Anais*... Vargem Grande Paulista: Cidade Nova, 2000a.

_____; Making space for sharing in the global market. The focolare movement's economy of sharing. 2000. Thesis (Doctor Philosophy) – University of Glasgow, Faculty of Social Science, 2000b.

GONÇALVES, H. H. A. B.; LEITÃO, S. P. Empresas da economia de comunhão: o caso Femaq. *Revista de Administração de Empresas*, n. 6, 2001.

GUI, B. Organizações produtivas com finalidades ideais e realização da pessoa: relações interpessoais e horizontes de sentido. In: BRUNI, L. (Org.). *Economia de comunhão*. Vargem Grande Paulista: Cidade Nova, 2002.

HARRISON, J.; FREEMAN, E. Stakeholders, social responsibility and performance empirical evidence and theoretical perspectives. *Academy of Management Journal*, v. 42, n. 5, p. 479-491, 1999.

HENDERSEN D. *Misguided virtue*. False notions of corporate social responsability. New Zealand: Business Round Table, 2001.

HILLMAN, A.; KEIM, G. Shareholder value, stakeholder management and social issues: what´s the bottom line? *Strategic Management Journal*, v. 22, p. 125-139, 2001.

HUMMELS, H. Organizing ethics: a stakeholder debate. *Journal of Business Ethics*, v. 17, p. 1403-1419, 1998.

HUTTON, W. Towards a juster capitalism. *New Statesman*, v. 129, n. 4511, 2000.

IBASE. Instituto Brasileiro de Análises Sociais e Econômicas. *Balanço social*. Disponível em: <www.balancosocial.org.br/cgi/cgilua.exe/sys/start.htm>. Acesso entre: 19 fev. e 21 abr. 2004.

INSTITUTO ETHOS. *Indicadores Ethos de responsabilidade social empresarial*. Disponível em: <www.ethos.org.br>. Acesso em: 23 nov. 2003.

JENSEN, M. Value maximization, stakeholder theory and the corporate objective function. *European Financial Management*, v. 7, n. 3, p. 297-317, 2001.

JONES, M. Missing the forest for the trees. *Business and Society*, v. 35, n. 1, p. 7-41, 1996.

JONES, T. Instrumental stakeholder theory: a synthesis of ethics and economics. *Academy of Management Review*, v. 20, n. 2, p. 404-438, 1995.

_____; T. WICKS, A. Convergent stakeholder theory. *Academy of Management Review*, v. 24, n. 2, p. 206-221, 1999.

JOYNER, B.; PAYNE, D. Evolution and implementation: a study of values, business ethics and corporate social responsibility. *Journal of Business Ethics*, v. 41, p. 297-311, 2002.

KAËS, R. *A instituição e as instituições*. São Paulo: Casa do Psicólogo, 1991.

KALER, J. Differentiating stakeholder theories. *Journal of Business Ethics*. v. 46, n. 1, p. 71-83, Aug., 2003.

KAPLAN, R.; NORTON, D. *A estratégia em ação*: balanced scorecards. Rio de Janeiro: Campus, 1995.

KEY, S. Towards a new theory of the firm: a critique of stakeholder "theory". *Management Decision*, v. 37, n. 4, p. 317-328, 1999.

KREITLON, M. P. Responsabilidade social empresarial *versus* racionalidade econômica: a perspectiva de Amartya Sen. In: COLÓQUIO INTERNACIONAL SOBRE PODER LOCAL. 9, Anais... Salvador: Escola de Administração – EAUFBA/Nepol, 2003.

KUHN, T. *A estrutura das revoluções científicas*. São Paulo: Perspectiva, 1982.

KURTZ, R. *O colapso da modernização*. São Paulo: Paz e Terra, 1993.

LANGTRY, B. Stakeholders and the moral responsibilities of business. *Business Ethics Quarterly*, v. 4, n. 4, p. 431-513, 1994.

LAVILLE, J. L. *Práticas de economia solidária*. Salvador: Cadernos da Fundação Luis Eduardo Magalhães, Cadernos Flem, n. 5, 2004. Disponível em: <www.flem.org.br/cadernosflem/Artigos/Cadernos5/Cadernos5-PraticasEcoSolidaria.pdf>.

LEIBHOLZ, R. *Projeto Espri 2010*. São Paulo: Cidade Nova, 2002.

_____. Entrevista com Rodolfo Leibholz. *Revista Cidade Nova*, São Paulo, Cidade Nova, ano IX, n. 2, maio 2003. (Suplemento 17).

_____; LEIBHOLZ, H.; PASSARELLI, V. Aumentando a produtividade em época de turbulências In.: CONAF 95. Anais... São Paulo, 1995.

LEITÃO, S. P. A decisão na Academia I. *Revista de Administração Pública*, v. 27, n. 1, 1993a.

_____. A decisão na Academia II. *Revista de Administração Pública*, v. 27, n. 2, 1993b.

_____; COUTINHO, R. Ética e mudança na perspectiva da biologia do conhecimento. *Revista de Administração Pública*, v. 36, n. 5, 2002.

_____; MACHADO, S. J. Gestão estratégica e mudança: problemas e possibilidades. *Revista de Administração Pública*, v. 38, n. 6, 2004.

_____; ROUSSEAU, K. Introdução à natureza da mudança transformadora nas organizações, na perspectiva da biologia cognitiva. *Revista de Administração Pública*, v. 38, n. 5, 2004.

LIMA, M. A. Barbosa. *Economia de comunhão x custos de transação*: uma visão das organizações imbuídas da cultura da partilha. Disponível em: <http://read.adm.ufrgs.br/read12/artigo/artigo7.htm>. Acesso em: 6 ago. 2003.

LINARD, K. Economy of communion: systemic factor in the rise of a new entrepreneurship. *System Research and Behavioral Studies*, v. 20, n. 2, (13), p. 163, 2003.

LOGSDON, J.; LEWELLYN, P. Expanding accountability to stakeholders: trends and predictions. *Business & Society Review*, v. 105, n. 4, (17), p. 419, 2000.

_____; YUTHAS, K. Corporate social performance, stakeholder orientation and organizational moral development. *Journal of Business Ethics*, v. 16, p. 1213-1226, 1997.

LUBICH, C. O Movimento dos Focolares e a economia de comunhão. In: BARAÚNA, M. (Coord.). *Economia de comunhão e movimento econômico: desenvolvimento e perspectivas*. Vargem Grande Paulista: Cidade Nova, 2000.

_____. A experiência da economia de comunhão: da espiritualidade da unidade. Uma proposta de agir econômico In: BRUNI, L. (Org.). *Economia de comunhão*. Vargem Grande Paulista: Cidade Nova, 2002a.

_____. *Quatro aspectos essenciais da economia de comunhão*. São Paulo: Cidade Nova, 2002b.

MAITLAND, I. Distributive justice in firms: do the rules of corporate governance matter? *Business Ethics Quarterly*, v. 4, n. 4, p. 431-443, 2001.

MAKEOWER, J. *Beyond the bottom line*. New York: Simon & Schuster, 1994.

MANCE, E. *Redes de economia solidária*. Salvador: Cadernos da Fundação Luis Eduardo Magalhães, Cadernos Flem, n. 5, 2004. Disponível em: <www.flem.org.br/cadernosflem/Artigos/Cadernos5/Cadernos5-RedesEcoSolidaria.pdf>.

MARREWIJK, M. Van. Concepts and definitions of CSR and corporate sustainability: Between agency and communion. *Journal of Business Ethics*, v. 44, p. 95-105, 2003.

MATURANA, H. *Emoções e linguagem na educação e na política*. Belo Horizonte: UFMG, 2001.

_____; VARELA, F. *A árvore do conhecimento*. São Paulo: Editorial PSy, 1995.

McWILLIAMS, A.; SIEGEL, D. Corporate social responsibility: a theory of the firm perspective. *The Academy of Management Review*, v. 26, n. 1, p. 117-127, 2001.

MERLA, L. *La responsabilitá sociale delle aziende aderentti ao progetto "Economia de Comunione"*. 2003. Tesi (Laurea in Economia e Comercio) – Universitá Degli Studi di Bergamo, Facoltá di Economia, 2003.

MITCHEL, R. et al. Towards a theory of stakeholder identification and salience: Defining the principle of who and what really counts. *Academy of Management Review*. v. 22, n. 4, p. 853-886, 1997.

MOHR, L. et al. Do consumers expect companies to be socially responsible? The impact of corporate social responsibility on buying behavior. *The Journal of Consumer Affairs*, v. 35, n. 1, p. 45-72, 2001.

MOLTENI, M. Os problemas de desenvolvimento das empresas de "motivação ideal". In: BRUNI, L. (Org.) *Economia de comunhão*. Vargem Grande Paulista: Cidade Nova, 2002.

MORGAN, R.; HUNT, S. The commitment-trust theory of relationship marketing. *Journal of Marketing*, v. 58, n. 7, p. 20-38, 1994.

MORIN, E. *Ciência com consciência*. Rio de Janeiro: Bertrand Brasil, 1996.

MOTCHANE, J. *Economia social ou economia solidária*: álibi ou alternativa ao neoliberalismo? Disponível em: <www.ecosol.org.br/Motchane.doc>. Acesso em: 2004.

MOTTA, F. C. P. *Teoria das organizações*. São Paulo: Biblioteca Pioneira da Administração e Negócios, 1986.

MOTTA, P. R. A proposta de participação na teoria gerencial: a participação indireta. *Revista de Administração Pública*, v. 15, n. 3, p. 54-70, 1991.

NASH, L. *Believers in business*. Nashville: Thomas Nelson, 1994.

ORLITZKY, F. et al. Corporate social and financial performance: A meta-analysis. *Organizational Studies*, v. 24, n. 3, p. 403-439, 2003.

PAGÈS, M. et. al. *O poder das organizações*. São Paulo: Atlas, 1990.

PANAPANAAN, V. et al. Roadmapping corporate social responsibility in finish companies. *Journal of Business Ethics*, v. 44, p. 133-148, 2003.

PAROLIN, G. Managing for happiness. In: "THE PARADOXES OF HAPPINESS IN BUSINESS CONFERENCE. Proceedings... Milano: University of Milano Bicocca – Department of Economics, 2003.

PHILLIPS, R. *Stakeholder theory and organizational ethics*. San Francisco: Berrett-Koehler, 2003.

_____ et al. What stakeholder theory is not. *Business Ethics Quarterly*, v. 13, n. 4, p. 479-502, 2003.

PINTO, M. C. S. *A economia de comunhão sob o olhar da teoria dos stakeholders*. 2004. Tese (Doutorado) – Pontifícia Universidade Católica, Departamento de Administração, Instituto de Administração e Gerência (IAG), 2004.

POLANYI, K. *A grande transformação*. São Paulo: Campus, 2000.

POST, J. et al. *Redefining the corporation*. California: Standford University Press, 2002.

PRESTON, L. *Principles of stakeholder management*. Toronto: Clarkson Center for Business Ethics, 1999.

PRIGOGINE, I. *O fim das certezas*. São Paulo: Unesp, 1996.

QUINN, D.; JONES, T. An agent morality view of business policy. *Academy of Management Review*, v. 20, n. 1, p. 20-42, 1995.

RAMOS, A. Guerreiro. *A nova ciência das organizações*. Rio de Janeiro: FGV, 1981.

RESSL, M. *Economy of communion*: elements and prospects for development. 1999. Tese (Doutorado) – Universidade de Economia e Administração da Áustria, Viena, 1999.

_____. Economia de comunhão: visão de desenvolvimento. In: BARAÚNA, M. (Coord.). *Economia de comunhão e movimento econômico*: desenvolvimento e perspectivas. Vargem Grande Paulista: Cidade Nova, 2000.

SANTOS, B. S. *Pela mão de Alice*. São Paulo: Cortez, 1997.

SCHWARTZ, M.; CARROLL, A. Corporate social responsibility: a three domain approach. *Business Ethics Quarterly*, v. 13, n. 4, p. 503-530, 2003.

SEN, A. K. *Sobre ética e economia*. São Paulo: Schwarcz, 1999.

SERVA M. *Racionalidade e organizações*: o fenômeno das organizações substantivas. São Paulo: Eaesp, 1996, São Paulo: Cortez, 1997.

SETHI, P. Dimensions of corporate social responsibility. *California Management Review*, v. 17, n. 3, p. 58-64, 1975.

SHANKMAN, N. Reframing the debate between agency and stakeholder theories of firm. *Journal of Business Ethics*, v. 19, n. 4, p. 319-334, 1999.

SICUPIRA FILHO, E. *Introdução ao pensamento dialético*. São Paulo: Alfa-Ômega, 1991.

SIMERLY, R. An empirical examination of the relationship between management and corporate social performance. *International Journal of Management*, v. 20, n. 3, p. 353-359, Sep., 2003.

SINGER, P.; SOUZA, A. (Orgs.). *A economia solidária no Brasil*. São Paulo: Contexto, 2000.

SIRGY, J. Measuring corporate performance by building on the stakeholders model of business ethics. *Journal of Business Ethics*, v. 35, n. 3, p. 143-162, 2002.

SMITH, J. The shareholders vs. stakeholders debate. *MIT Sloan Management Review*, v. 44, n. 4, p. 85-86, 2003.

SORGI, T. A cultura do dar. In: COSTA, R. et al. *Economia de comunhão*. Vargem Grande Paulista: Cidade Nova, 1998.

SOROS, G. *Open society*: reforming global capitalism. New York: Perseus Books Group, 2000.

STERNBERG, E. Stakeholder theory exposed. *The Corporate Governance Quarterly*, v. 2, p. 4-18, 1996.

STONEY, C.; WINSTANLEY, D. Stakeholding: confusion or utopia? Mapping the conceptual Terrain. *Journal of Management Studies*, v. 38, n. 5, p. 603-625, 2001.

STRONG, K. et al. The rules of stakeholder satisfaction. *Journal of Business Ethics*, v. 32, p. 219-230, 2001.

STROUP, M.; NEUBERT, R. The evolution of social responsibility. *Business Horizons*, v. 30, n. 2, 1987.

SWANSON, D. Addressing a theoretical problem by reorienting the corporate social responsibility. *The Academy of Management Review*, v. 20, n. 1, p. 43-64, 1995.

TUKEY, J. *Exploratory data analysis*. London: Wesley Publishing, 1977.

UNEP (United Nations Environment Program Annual Report). *Sustainable consumption and production*. Disponível em: <www.unep.org/AnnualReport/2003/AR_2003/CONSUMPTION.pdf>. Acesso em: 2003.

VERSCHOOR, C. A study of the link between a corporation's financial performance and its commitment to ethics. *Journal of Business Ethics*, v. 17, n. 13, p. 1509-1516, 1998.

WADDOCK, S. Doing well by doing good. *Sloan Management Review*, v. 41, n. 2, p. 75-83, 2000.

WADDOCK, S.; GRAVES, S. The corporate social performance: financial performance link. *Strategic Management Journal*, v. 18, n. 4, p. 303-319, 1997.

WAINWRIGHT, H. *Uma resposta ao neoliberalismo*. São Paulo: Jorge Zahar Editor, 1998.

WARTICK, L.; COCHRAN, P. The evolution of the corporate social performance model. *Academy of Management Review*, v. 10, p. 758-776, 1985.

WEBER, M. The *Protestant ethic and the spirit of capitalism*. New York: Charles Scribner's Sons, 1958.

WILD, C. J.; SEBER, G. A. F. *Chance encounters*: a first course in data analysis and inference. New York: John Wiley & Sons, 1999.

WILSON, M. Corporate sustainability: what is it and where does it come from? *Ivey Business Journal*, Mar./Apr. 2003.

WOOD, D. Corporate social performance revisited. *Academy of Management Review*, v. 16, n. 4, p. 691-718, 1991a.

_____. Social issues in management: theory and research in corporate social performance. *Journal of Management*, v. 17, n. 2, p. 383-406, 1991b.

_____; JONES, R. Stakeholder mismatching: a theoretical problem in empirical research on corporate social performance. *International Journal of Organizational Analysis*, v. 3, n. 3, p. 229-267, 1995.

ZADEK, S. Balancing performance, ethics and accountability. *Journal of Business Ethics*, v. 17, n. 13, p. 1421-1441, 1999.

_____. *The civil corporation*: the new economy of corporation citizenship. London: Earthscan, 2001.

ZAMAGNI. S. Fundamento e significado da experiência da economia de comunhão. In: BRUNI, L. (Org.). *Economia de comunhão*. Vargem Grande Paulista: Cidade Nova, 2002a.

_____. *Pronunciamento feito no XX Congresso de Economia de Comunhão, em 23 de agosto de 2001*. São Paulo: Cidade Nova, 2002b.

Esta obra foi impressa pela
Markgraph Gráfica e Editora Ltda. em papel off set Extra Alvura Plus
para a Editora FGV em setembro de 2006.